www.tredition.de

Dieses Buch widme ich allen sexuell missbrauchten Menschen, besonders allen rituell missbrauchten Kindern.

Dies ist eine wahre Geschichte. Weil sie aber nicht passiert sein darf, kann sie nur als Märchen erzählt werden.

Ich möchte sensible Menschen bitten, dieses Buch nicht zu lesen!

Betroffene sollten bitte damit rechnen, dass sie vielleicht an ihre eigenen Erlebnisse erinnert werden können.

Es wäre jedoch schade, sollte der Leser gleich anfangs wegen der beschriebenen Grausamkeiten das Buch beiseite legen, der weitere Verlauf in Millis Geschichte ist durchaus positiv und mutmachend.

Ich hebe meine Augen auf zu den Bergen. Woher kommt mir Hilfe?

Meine Hilfe kommt von dem Herrn, der Himmel und Erde gemacht hat.

Psalm 121,1-2

Linda Prinz

Millis Lebensmärchen

Es kann nicht sein, was nicht sein darf!

www.tredition.de

© 2014 Linda Prinz

Titelfoto: Blick auf das Karwendelgebirge in Krün

Verlag: tredition GmbH, Hamburg
ISBN: 978-3-8495-7703-2
Printed in Germany

Das Werk, einschließlich seiner Teile, ist urheberrechtlich geschützt. Jede Verwertung ist ohne Zustimmung des Verlages und des Autors unzulässig. Dies gilt insbesondere für die elektronische oder sonstige Vervielfältigung, Übersetzung, Verbreitung und öffentliche Zugänglichmachung.

Inhaltsverzeichnis Teil I

Einleitung 7
Millis Lebensmärchen
1. Babys Spezialmilch 12
2. Asthma 14
3. Milli wird älter … 15
4. Schlangen 17
5. Fazit 21
6. Räucherkammer 22
7. Noch ein böses Märchen 26
8. Die Geburt 28
9. Was war eigentlich geschehen? 31
Nachwort: 32
Heute 36
Die Kindheit und Jugend 37
Zwei Millis 42
Die Ehe 43
Terror, Armut und Gott 47
Guckt Gott nur zu? 48
Terror 50
Und noch mehr Terror 51
Einfach nur Wunder
Krebs? 57
Ein Drama in mehreren Akten 58
Das Kind auf der Dachrinne 62
Wenn das etwas Schlimmes ist … 64
Der Zahn 65
Millis Heilungsweg
Die Taufe 66

Schlangen 68
Fluch oder Psychose? ... und Befreiung 71
Die Kohle 75
Das Grab 76
Christliches Trauerseminar 78
Die Macht der Vergebung 81
Nein, du musst nicht mehr hinter den Zaun! 82
Der Feind aus geistlicher Sicht
Das rote Tuch und das Strohmännchen 89
Dann wäre da noch die Sache mit dem Ring 91
Nachwort 1 94
Es gibt immer einen Ausweg 97

Einleitung

Dieses Buch soll Betroffenen helfen, sich mit Gott und ihrer Vergangenheit zu versöhnen. Es soll eine Ermutigung für Opfer sein, sich nicht aufzugeben und fest mit Gottes Hilfe und Eingreifen zu rechnen.

Es soll aber auch, soweit es möglich ist, Machenschaften der Täter stoppen und aufdecken. Gerade in der heutigen Zeit, angesichts der Aufdeckung so vieler Missbrauchsfälle in Kirchen und Schulen, könnte dieses Buch ein weiteres Puzzleteilchen sein.

Möge es helfen, das Schweigen derer zu brechen, die von solchen Fällen wissen.

Vor ca. drei Jahren lernte ich Milli kennen, als sie als Kurgast sonntags in unsere Gemeinde kam. Es war eine Reihe von „Zufällen", durch die wir uns kennen lernten. Das Thema „Sexueller Missbrauch" lag von Anfang an auf dem Tisch und war eigentlich auch das, was uns verband.

Als Kind wurde ich von meinem Patenonkel sexuell missbraucht. Zwar war der Missbrauch nicht so schwer, er hat mich aber mein Leben lang beeinflusst. Bis heute glaubt mir das keiner aus meiner Familie, außer evtl. meine Mutter, und geredet wird darüber schon gar nicht. Es tut mir immer noch weh, dass mir keiner glaubt.

Wie bei fast allen Missbrauchten funktionierte mein Verdrängungsmechanismus sehr gut. Ich habe den größten Teil meines Lebens davon nichts gewusst.

Gott hat Gnade geschenkt und begann mit meiner Heilung, als ich es noch gar nicht richtig wusste, als ich nur eine Ahnung hatte und viele Indizien in meinem Leben darauf hinwiesen. Jahrelang habe ich geweint ohne zu wissen warum, in Gottesdiensten, besonders in Lobpreis- und Anbetungszeiten, auf christlichen Seminaren und Kongressen. In meiner Seelsorgeausbildung musste ich immer wieder unerklärlich viel weinen. Auch wenn ich alleine war in Gottes Gegenwart, war es ein Weinen mit Husten bis fast zum Brechreiz, mit einem ganz besonderen tiefen Schmerz oder auch mit Kopfschmerzen. Ich habe sogar in Träumen geweint und es tat gut, den Schmerz „auszukotzen".

Als Gott dann meinen Missbrauch an einem Ostermontag völlig aufdeckte, haute es mich dann doch fast um, aber nur fast. Es war ja alles schon in mir, jetzt wurde es mir nur noch bewusst. Mit diesem Wissen konfrontiert zu werden, ist noch mal eine ganz andere Sache. Aber ich hatte ja Vorarbeit geleistet … Und doch war ich in dem Sommer und in dem ganzen Jahr und auch in dem darauf folgenden Jahr wie außer Gefecht gesetzt. Ich erlebte mich kraftlos, willenlos, erfolglos, ohnmächtig.

Obwohl mir geraten wurde, eine Therapie zu machen oder Seelsorge in Anspruch zu nehmen und mein Verstand mir sagte, es sei gut, Hilfe anzunehmen, zeigte mir Gott eindringlich, dass Er mich in Seiner Gegenwart heilen wollte, was Er dann auch tat.

Ich kann heute sagen, dass ich vom Missbrauch weitgehend geheilt bin, frei von Schmerz und Anklage und Scham. Ich bin Gott sehr dankbar für diesen meinen Weg der Heilung. So viel zu mir und meiner Geschichte.

Ein christlicher Psychologe sagte einmal, dass sich ähnlich oder gleich viel geschädigte Menschen schnell begegnen und zusammenkommen, wenn sie gleichzeitig an einem Ort sind.

Nun, Milli und ich, wir kamen schnell zusammen, wir hatten zwar das gleiche Thema, aber sonst nichts gemeinsam.

Sie kam mich einige Male besuchen solange sie in Kur war und erzählte mir aus ihrem Leben. Sie erzählte kreuz und quer von früher, von jetzt, von Dingen, die sie schon wusste und von Dingen, die sie nur vermutete. Sie erzählte fließend, sauber und anschaulich. Reden muss wohl eine ihrer Stärken sein, das weiß sie selbst vielleicht nicht.

Ich hörte ihr zu. Diese ganzen Missbrauchsgeschichten schienen so unwirklich, hörten sich so außerirdisch an und doch glaubte ich ihr. Aus welchen Gründen auch immer, ich schenkte ihnen Glauben. Obwohl mein Verstand mich aufforderte, vorsichtig zu sein und einiges in Frage zu stellen und mich jemand ganz konkret vor ihr warnte, konnte ich doch nicht anders, ich musste ihr glauben.

Sie saß in unserem Garten mit ihrem Gravurgerät, Gläsern, Spiegeln, Vasen und versuchte, sich so etwas dazuzuverdienen. Sie rauchte viel und redete viel, auch von ihrer Therapeutin, die es wohl sehr gut verstand, ihre Aussagen einzuordnen.

Obwohl ich Milli damals gerne zuhörte, überforderte mich ihre Gegenwart auch. Es war gerade drei Monate her, seit mir mein Missbrauch bewusst wurde. Es war zu viel für mich, und doch war mein Helfersyndrom stärker. Ich weiß auch nicht, ob ich oder meine Aussagen ihr gut getan haben damals. Jedenfalls war ich immer irgendwie erleichtert als sie ging. Ich weiß bis heute nicht, warum ich danach meistens ein schlechtes Gewissen oder ein schlechtes Gefühl hatte.

Dann hörten wir ca. zweieinhalb Jahre nichts mehr voneinander, bis sie mich vor kurzem wieder anrief. Es gab immer mal Momente, in denen ich an sie erinnert wurde, aber nicht mehr als das.

In der Zwischenzeit durchlebte ich einen Heilungsprozess, und es änderte sich in meinem familiären Umfeld einiges, so dass ich viel innere Freiheit und neue Kräfte bekam und mehr Zeit hatte.

Als Milli nach langer Zeit wieder anrief, hatte ich einen ganz anderen Bezug zu ihrer Problematik, und nach einigen langen Telefonaten, und als ich über sie nachdachte, forderte mich Gott auf, ihre Geschichte aufzuschreiben.

Folgende Kerngeschichte hat Milli selber in einer Nacht aufgeschrieben. Noch lange bevor ich mit den Arbeiten am Buch beginnen konnte, hatte sie von einem Buch „Millis Lebensmärchen" geträumt.

Es war einmal ...

Millis Lebensmärchen

1. Babys Spezialmilch

Es war einmal ein kleines, winziges, süßes Baby. Von manchen ganz besonderen Männern wurde sie Milli genannt.

Milli lebte mit ihren Eltern und Großeltern in einem kleinen, idyllisch gelegenen Dorf. Sie war das erste Kind ihrer Eltern und das erste Enkelkind für die Großeltern.

Nach einer schwierigen Geburt, die das Baby fast nicht überlebt hätte, freuten sich alle ganz besonders über dieses, ihr erstes Kind!

Millis Familie war angesehen im Dorf. Nach dem Krieg hatten alle schwer geschuftet für ihren Wohlstand, in dem sie nun lebten. Alle sorgten sich sehr um das kleine Würmchen, das sich gut entwickelte.

Eines Tages schlief das Baby in seinem schönen Gitterbettchen friedlich. Die Erwachsenen waren bei der Arbeit oder im Stall, der gleich an das Wohnhaus grenzte, um die Kühe zu melken.

Während nun das kleine Mädchen friedlich schlief, kam ein Mann in das Zimmer. Er weckte „seine Milli", wie er sie nannte, auf und sprach ganz freundlich, fast liebevoll mit dem Kind. Er nahm es aus dem Bettchen, während er mit ihm sprach, machte seine Hose auf und holte so ein Ding heraus, das Milli nicht kannte.

Er sagte ihr, sie habe doch bestimmt Hunger, da müsse er mal was dagegen tun und hielt Milli dieses Ding vor den Mund. Milli verstand sicher nicht, was er wollte. Wenn Mama ihr das Fläschchen gab, hielt sie sie immer sicher geborgen im Arm und schaute lächelnd beim Trinken zu.

Jetzt lag Milli bäuchlings und gar nicht geborgen oder sicher auf dem Schoß dieses Mannes! Er hielt ihr also dieses Ding vor den Mund, sprach immer noch freundlich mit ihr: „Das ist nur Milch, das kannst du ruhig trinken ..."

Dieses Ding roch ganz anders als ihr Fläschchen und Milli wollte es nicht in den Mund nehmen! Allmählich wurde der Mann ungeduldig und versuchte, ihr das Ding in den Mund zu stecken. Die ganze Zeit hatte er schon an dem Ding herumgespielt. Auch war seine Stimme nun gar nicht mehr so liebevoll. Milli bekam Angst und fing an zu weinen. Jetzt konnte der Mann das Ding endlich in ihren Mund stecken ...

So oder so ähnlich begab sich Millis erste Geschichte.

Immer mal wieder kam dieser Mann zu Milli, wenn von den Erwachsenen alle beschäftigt waren und Milli schlafen sollte ...

2. Asthma

Eines Nachts bekam Milli keine Luft mehr. Sie hustete und hustete.

In Panik schrie sie. Die Mutter konnte machen, was sie wollte, Milli hustete weiter und japste nach Luft. Sie ließ sich auch nicht beruhigen.

Schnell brachte die Mutter ihr Kind zum Arzt! Der gab ihr Medizin und endlich wurde der Husten weniger! Allmählich beruhigte sich das Kind und irgendwann schlief es dann endlich ein. Nun beruhigte sich auch die Mutter und sprach mit dem Arzt – oder er mit ihr:

„Die Kleine hat Asthma!" stellte er fest. „In der Lunge hat sich in den letzten vier Wochen seit der Geburt irgendwie Fruchtwasser gebildet ..."

Er sagte der Mutter, was sie tun müsse, wenn es wieder zu einem Anfall käme, und dass er sich erkundigen wolle, wie es dazu kommen konnte. Er hätte so etwas noch nicht erlebt und hätte einfach keine Erklärung.

In den nächsten Wochen, Monaten und Jahren hatte Milli immer wieder diese Hustenanfälle. Immer wieder fand der Arzt neues „Fruchtwasser" in Millis Lunge …

Immer wieder hatte er keine Erklärung …

Niemand wusste etwas von der „anderen Milch", die Milli heimlich von dem Mann bekam …

3. Milli wird älter …

Milli ist nun schon zwei oder drei Jahre alt.

Sie hat noch ein Brüderchen bekommen, das sehr krank ist. Milli ist in ein neues Zimmer umgezogen.

Die Mutti muss sich immer nachts um das kranke Brüderchen kümmern. Deshalb schläft ihre Großmutter nun immer bei Milli, damit sie schnell genug mitbekommt, wenn Milli wieder einen Asthmaanfall erleidet. Dies ist fast jede Nacht der Fall!

Der besondere Mann kommt immer noch heimlich.

Da Milli nun schon größer geworden ist, legt er sie jetzt immer auf einen Tisch und zieht sie aus. Immer noch steckt er Milli dieses Ding aus seiner

Hose in den Mund. Er hantiert aber auch an ihrem ganzen Körper damit herum. Oft stinkt er nach Schweiß und anderen Sachen.

Manchmal bringt er auch noch einen anderen Mann mit. Dann hantieren sie zusammen an ihr herum, machen blöde Bemerkungen, lachen, stinken, schwitzen und stöhnen um die Wette.

Milli hat längst gelernt, dass sie sich nicht wehren kann oder darf. Als sie es ein paar Mal versuchte, tat er ihr ganz fürchterlich weh. Als sie dann anfing zu weinen, schlug er sie, bis sie aufhörte zu weinen.

Irgendwann kam die Mutter mal überraschend, als Milli weinte. Er erzählte der Mutter, dass Milli schrecklich böse gewesen wäre. Sie hätte irgendetwas Schlimmes angestellt und hätte sich einfach ausgezogen. Nun versohlte die wütende Mutter Milli auch noch den Hintern, steckte sie ins Bett, schimpfte mit ihr und ging dann in den Stall zurück.

Nach einer Weile kam der Mann wieder, lachte die verzweifelt weinende Milli höhnisch aus, nahm sie aus dem Bett, legte sie auf den Tisch und zog sie aus ...

4. Schlangen

Endlich – etwas verspätet – lernte Milli sprechen.

Immer wieder kam dieser besondere Mann, von dem Milli ihren Spitznamen hatte, zu ihr. Fast immer brachte er mittlerweile mehrere Männer mit. Natürlich war auch den Männern nicht entgangen, dass Milli nun würde reden können.

Eines Tages, Milli lag wieder mit bangem Herzen nackt auf dem Tisch, legten sie ihr eine Schlange auf den Bauch. Milli blieb das Herz fast stehen. Die Schlange war zwar nicht sehr groß, aber Milli hatte schreckliche Angst!

Vor ein paar Stunden hatte ihr Vater erzählt, dass er im Feld eine Schlange gefunden hatte. Dann war eingehend über Schlangen gesprochen worden. Milli war richtig froh gewesen, dass die Schlange ihren Vater nicht gebissen hatte. Und nun lag diese Schlange (?) auf ihrem nackten Bauch!

Die Männer bemerkten Millis Panik und machten ihr noch mehr Angst. Dabei lachten sie wieder hämisch. Schließlich kam einer dicht zu ihr heran und sagte mit brutal drohender Stimme:

„Wenn du irgendeinem was sagst, stecken wir dich in ein Schlangennest. Die Schlangen kriechen dann an dir hoch in dich rein! Da vermehren sie sich dann und fressen dich von innen auf!"

Milli dachte, sie müsse vor Angst sterben.

In dieser Nacht konnten die Männer noch viel mehr mit ihr machen. Sie blieb ganz brav, krallte sich mit ihren Händen in die Hand ihres Vaters, der immer rechts an ihrer Seite stand und ihre Hand hielt.

Sie steckten die Schlange – oder was anderes – von hinten in ihren Po. Es tat entsetzlich weh, aber Milli hielt tapfer durch. Zum Glück war ja wenigstens Papa da!

Dann zogen sie die Schlange wieder ein wenig raus, drückten sie wieder rein ... raus, rein, raus, rein, raus – immer schneller und heftiger. Dabei stöhnten und schwitzten sie immer mehr.

Schließlich hatte Milli solche Schmerzen, dass sie laut schrie ... Es war einfach so gekommen, sie konnte nichts dagegen machen! Sofort zogen sie die Schlange aus dem Po und steckten sie ihr in den Mund!

Das war gar nicht die Schlange, das war das Ding, was der besondere Mann schon früher immer aus seiner Hose geholt hatte! In ihrem Mund steckte ein Geruch wie vom Klo – und ein ekliger Geschmack! Das Ding war noch widerlicher als sonst! Milli bekam keine Luft mehr, verschluckte sich und biss aus Versehen zu! Ein Schrei!

Die Männer, die eben noch gelacht hatten, waren sofort ruhig und todernst! Ein paar Männer stellten sich leise in Drohpose neben ihren Vater!

Millis Angsttränen versiegten vor lauter Panik. Ihr Vater sah sie verzweifelt und ohnmächtig schulterzuckend an.

Er konnte nichts tun!

Die Not des kleinen Mädchens lässt sich nicht mehr in Worte fassen. Panik! – Was kommt jetzt? – Purer Ekel im Mund – nach Luft japsend ... Po und Bauch taten fürchterlich weh – und, und, und ...

Sie hatte das Schlimmste gemacht, was sie überhaupt tun konnte: Sie hatte zugebissen!

Der Mann war entsetzlich böse, außerdem hatte er ein schmerzverzerrtes Gesicht! Er nahm ein Ding irgendwoher, es hatte einen Holzstiel und lauter Schnüre oder so etwas Ähnliches dran. Dann riss er das hilflose Kind unsanft herum: Po, Rücken, Schulter, Beine, Arme – alles egal, er schlug zu. Das Kind fühlte sich total leer, tot oder sonst wie und lag zusammengekauert, wimmernd, nackt und kaputt auf dem Tisch.

„So, und jetzt erst recht! Du und du!" Er brüllte es fast und zeigte auf zwei Männer. Ihr Vater musste da bleiben, wo er stand. Die Männer ließen ihn nicht zu ihr! Sie lag mit dem Rücken zu ihm hin. Die Männer zogen ihre Hosen runter, einer stellte sich vor sie, einer hinter sie. Sie konnte nichts tun. „Nein, nein! Bitte nicht …", kam es wimmernd aus ihrem Mund – aber sie lachten nur: „Nee, Strafe muss sein! Das machst du nicht mehr!"

Der eine steckte sein Ding in ihren Mund, der andere seins in ihren Po. Was schlimmer war, kann man nicht sagen. Das Ding im Mund steckte immer wieder so tief drin, dass sie fast erstickte, die Schmerzen in Po und Bauch waren unbeschreiblich. Schließlich bekam sie nichts mehr mit, alles wurde schwarz und sie war nicht mehr da. Natürlich war sie noch da. Die Männer hatten so lange an ihr „rumgearbeitet", bis sie ohnmächtig geworden war. Ob sie danach noch weitermachten, was mit ihrem Vater war und was sonst noch geschah, weiß sie nicht, auch nicht wann, wie und wo sie wieder zu sich kam.

Danach konnte sich das arme Mädchen auch an nichts mehr erinnern. Sie weiß auch nicht, ob überhaupt und wenn, welcher Arzt diese Tat deckte.

5. Fazit

Nun wusste Milli genau, wo sie hingehörte: Sie war das Allerletzte!

Es gab einen Gott, dessen war sie sicher, obwohl sie so klein war. Aber dieser Gott musste sie fürchterlich hassen oder fürchterlich böse auf sie sein, wenn die Männer so was machen durften.

Sie wusste nun, dass man mit ihr alles machen konnte und auch durfte. Sie wusste nur nicht, warum. Sie wusste, dass sie nichts anderes verdient hatte. Sie wusste nur nicht, warum.

Sie wusste nun endgültig und bombensicher, dass sie völlig allein auf dieser großen Welt war. Niemand konnte und würde sie schützen, beschützen oder auch nur zu ihr halten.

Sie wusste nun: Sie hatte keine Chance!

Für sie stand fest, dass dieser Gott sie nur für die Männer gemacht hatte.

Ihre Oma hatte ihr irgendwann mal gesagt: „Das sind Männer, die brauchen das. Augen zu und durch!" Oma war alt und klug, die hatte sicher Recht!

Nach dieser Schlangenaktion war das Kind endgültig kaputt. Es wusste nun ganz genau, wo es hingehörte.

Es wusste auch, dass es Gott gab. Es wusste aber auch, es war so böse, dass es niemals mehr im Leben eine Chance haben würde, um Zugang zu diesem Gott zu haben.

6. Räucherkammer

Millis Gedächtnis war nun auch irgendwie kaputt.

Oft wusste sie nicht mehr, was eben gerade passiert war, wenn ihr etwas wehtat, wenn sie schrecklich traurig war, wenn sie schrecklich wütend war, oder wenn sie wieder ein schlechtes Gewissen hatte. Sie war sich dann aber sicher, dass sie wieder irgendetwas falsch gemacht haben musste.

Irgendwann hatte Milli ganz aus Versehen, wahrscheinlich in einer fürchterlichen Not mit irgendwem gesprochen. Sie wusste es nach dem Märchen, das nun folgt, selber nicht mehr.

Schon als die Mutter sie unsanft und wütend in den Keller schleppte, wusste sie auch nicht mehr, was sie überhaupt gesagt hatte. Sie war sich nur sicher: „Ich habe die Wahrheit gesagt!"

Aber nun von vorne: Milli hatte irgendwas zu irgendwem gesagt. Dieser jemand war zu ihrer Mutter gegangen und hatte es nun ihr erzählt. Die Mutter war nun total erbost über ihre Tochter, die solche Lügen erfinden konnte. Zunächst versohlte sie zusammen mit Oma Millis Hintern mit mindestens einem Kochlöffel, der dabei zerbrach. Doch das war ihr nicht hart genug.

Also packte sie die schreiende Milli, die überhaupt nicht verstand, was los war, zerrte sie in den Keller. und steckte sie in die Räucherkammer, in der noch die Glut glimmte und Würste und Schinken unter der Decke baumelten.

Dann sperrte sie von außen die Tür zu und ging die Treppe hoch. Milli konnte jeden ihrer Schritte hören. Dann fiel oben die Kellertür ins Schloss.

Nun war Milli allein, mutterseelenallein. Und verzweifelt! Was hatte sie nur getan?

Sie war sich absolut sicher, dass sie die Wahrheit gesagt hatte – aber was hatte sie nur gesagt? Es fiel ihr einfach nicht mehr ein. Sie kauerte auf dem Boden und weinte. Die Glut glimmte. Die Luft wurde immer schlechter! Sie fing an zu husten. Was sollte sie tun, wenn sie nun wieder so einen Asthmaanfall bekäme? Hier konnte ihr niemand helfen. Und sie hatte nichts getan, außer die Wahrheit zu sagen. Das sollte man doch so tun.

Wie lange sie dort unten blieb, wer sie befreite und in welchem Zustand, das weiß sie heute nicht mehr.

Fakt ist, Milli hatte wieder gelernt. Es gab zwei Wahrheiten: Einmal Millis Wahrheit, die für

Erwachsene nichts als ein Märchen eines bösen Mädchens war, und zweitens die Wahrheit der Erwachsenen, bei der nicht passiert ist, was nicht sein darf.

Von nun an wusste Milli nie mehr, ob sie die Wahrheit sagte oder ob sie log, wenn sie etwas gefragt wurde. Wurden die Stimmen, die Blicke oder die Gestik der Erwachsenen irgendwie komisch, bekam Milli Angst oder Panik und wusste manchmal nicht mehr, was sie eben geantwortet hatte. Ebenso wusste sie auch nicht mehr, ob es wahr war oder nicht.

Stets versuchte sie, jedes noch so kleine Detail haarklein wahrheitsgemäß zu erklären, aber das nützte auch nichts. Das versagende Gedächtnis hatte aber auch positive Folgen: Nach so einer Horrornacht, die sie nach Meinung der Erwachsenen eh nur erfunden hatte mit ihrer bösen Fantasie, konnte sie sich morgens an nichts mehr erinnern.

Sie konnte sich selber aber auch nicht mehr verstehen: Warum war sie heute so schlecht gelaunt, wo sie gestern Abend doch ganz anders drauf gewesen war?

Warum tat ihr heute alles weh, wenn sie auf die Toilette musste?

Warum taten Arme, Beine, Po oder sonstwas weh, obwohl sie niemand geschlagen hatte?

Warum juckte ihre Haut am ganzen Körper oft so schrecklich?

Warum war auf ihrem ganzen Körper so ein entsetzlicher Dreck, den man einfach nicht abwaschen konnte?

Warum hatte sie so einen Gestank in Mund oder Nase, den Männer haben, wenn sie schwer gearbeitet haben?

Und was war das für ein ekliger Schleim auf ihren Zähnen und im Mund, den man einfach nicht rausbekam?

Milli konnte sich nun selber überhaupt nicht mehr vertrauen, traute sich auch nichts mehr zu, hasste sich für ihre Dummheit abgrundtief und gab sich eh schon immer die Schuld an allem. Alle Menschen waren gut – nur sie war das Letzte!

In der Schule hatten sie in Religion was über das Jüngste Gericht gehört. Milli wusste genau: Wenn es mal so weit war und sie in den Gerichtssaal geführt würde, würde sich in der Mitte des Bodens dieses Saales die Klappe öffnen, auf der sie stand. Noch bevor irgendwer auch nur ein Wort gesagt hätte, wäre sie schon in der Hölle gelandet, in die man durch diese Klappe fiel!

7. Noch ein böses Märchen

Diese Männer holten Milli immer wieder. Nach der Geschichte mit der Schlange wurden sie immer böser. Sie wussten nun: Wir können alles mit Milli machen!

Milli wurde nun zum Versuchsobjekt für perverse Sachen. Sie wussten: Die sagt nichts mehr! Nun wurde ausprobiert. Wie viel von welchen Schmerzen hält sie aus? Wann reagiert sie wie?

Es machte ihnen höllischen Spaß, ihre Angst und Not zu sehen. Sie hatten sie total in der Hand! Das geilte diese Männer auf, die Milli ihren Spitznamen gegeben hatten.

Diesen Namen „Milli" benutzten nur diese Männer und das nur nachts. Und bei Tage nannte ihr Vater sie manchmal so, wenn er besonders gut auf Milli zu sprechen war. Milli hatte ihren Papa übrigens sehr, sehr lieb.

Immer wieder lag Milli nackt auf dem Tisch. Etwas Schrecklicheres als diesen Satz: „Zieh dich aus!" und das langsame Ausziehen vor den Männern gab es nicht ... Doch, das gab es sehr wohl. Die Männer steckten ihre Dinger Milli nun nicht mehr einfach so in Mund, Po oder zwischen die Beine. Vorher lag Milli splitterfasernackt breitbeinig auf dem Tisch. Wenn sie dies nicht freiwillig tat, halfen sie einfach mit Gewalt nach.

Los ging es mit Nadeln. Sie stachen sie in die Füße, in die Beine, und in die Scheide. Immer tiefer, bis Milli die Tränen kamen oder bis sie schrie.

Sie versuchte immer tapfer nicht zu schreien, weil sie sonst wieder diesen komischen Stock mit den Schnüren herbeiholten oder ihr die dreckigsten und stinkendsten Dinger in den Mund steckten. Oder ihr Vater durfte nicht ihre Hand halten, sondern musste sich selbst unter dem Gelächter der anderen an ihr vergehen.

Später kamen sie dann auf die Idee, mit Streichhölzern oder Feuerzeugen ihre Scheide „schön heiß zu machen". Milli musste dabei genau hinsehen, wenn die Flamme immer näher und näher kam, bis es dann so wehtat, dass sie weinte ... Dann ließen sie ihren Kopf los. Schließlich nahmen sie eines Tages eine Rasierklinge und schnitten ihr damit die Schamlippen auf.

Erst wenn das Kind fix und fertig war, fingen die sexuellen Handlungen an. Meistens hielt ihr Vater ihre rechte Hand bei all diesen Dingen.

Einmal erklärte der „besondere 1. Mann" Milli übrigens noch, dass sie keine Chance habe: Würde sie irgendwem ihre Verletzungen zeigen, würde dieser jemand zum Jugendamt gehen. Dann zeigten sie auf einen der Männer und sagten, dass dieser Mann vom Jugendamt wäre, er müsste sie dann in ein Heim bringen. In diesem Heim würden diese Dinge genauso weiterlaufen, sie habe nur keinen Papa mehr, der ihr die Hand hielte. Und zum Gericht brauchte sie auch nicht zu gehen. Wieder mit Fingerzeig auf einen sagte er: Der ist Richter und entscheidet über diese Dinge!

Es gab einfach überhaupt keine Chance, aus dieser Sache herauszukommen!

8. Die Geburt

Es vergingen die Jahre auf diese Weise. Milli war mittlerweile zwölf oder dreizehn Jahre alt. In den letzten Monaten hatte Milli zugenommen. Sie hatte gar nicht gemerkt, dass sie immer zuviel gegessen hatte. Das gab natürlich nochmal Munition für das Gespött der Männer, während Milli sich auszog.

An einem Tag ging es ihr ganz komisch. Ihr Bauch fühlte sich die ganze Zeit schon komisch an. Immer noch musste sie sich meistens auf den Tisch legen und die Beine auseinanderhalten. Immer noch musste sie zusehen, wenn die Männer mit den Nadeln kamen oder mit dem Feuer. Manchmal spielten sie mit ihren Fingern in der Scheide herum, bis sie komische Gefühle bekam. Manchmal rieben sie so lange daran herum, bis Milli meinte, jetzt sei da keine Haut mehr. Es tat schrecklich weh.

Manchmal gab es auch komische, fast schöne Gefühle, die konnte Milli aber auch kaum aushalten. Manchmal musste sie sich auch vor den Tisch stellen, mit dem Rücken zu den Männern. Dann trieben sie es einfach von hinten im Stehen mit ihr.

Jetzt lag Milli aber wieder auf dem Tisch. Das komische Gefühl im Bauch wurde immer mehr zu Schmerzen. Milli hatte Angst. Sie verstand mal wieder nichts. Die Männer auch nicht. Warum stöhnt die, wenn die Nadel noch nicht mal richtig drinsteckt? Guckt mal, wie empfindlich dieses Weichei heute ist! Darüber lachten sie.

Milli war übel. Als sie sich übergeben musste, bekam sie diesen Stock mit den Schnüren zu spüren. Die Schmerzen wurden immer stärker, Milli bekam Panik.

Alles Drohen half nichts, ab und zu stöhnte sie laut, ohne dass sie gerade viel gemacht hatten. Die Männer wurden wütend: „Dieser Wanst wird widerspenstig – wie geht das denn?"

Einer der Männer drückte Milli schließlich mit aller Gewalt auf den Tisch, riss die Beine auseinander und steckte Milli seinen Penis besonders brutal und besonders tief in die Scheide. Auch das tat wieder tierisch weh. Außerdem machte irgendwas platsch und auf und vor dem Tisch war alles nass. Was war das denn? Das war doch kein Urin oder?

Schmerzen und Panik wurden so schlimm, dass Milli nur noch schrie. Schläge und Drohen halfen nichts. Die Schmerzattacken kamen nun so schnell aufeinander, dass es fast keine Pause mehr gab.

Zur Strafe bekam Milli nun einen Penis in den Po gesteckt und einen mit aller Gewalt in den Mund. Die beiden Männer rackerten wie noch nie herum. Das waren die schlimmsten Qualen, die sie jemals aushalten musste! Sie schrie und schrie, bis sie keine Luft mehr bekam durch das Ding im Mund und bis ihr von den Schmerzen mal wieder schwarz vor Augen wurde.

Als sie wieder zu sich kam, lag sie auf dem Tisch. Die Männer standen alle angezogen um sie herum und waren irgendwie fassungslos. Dann sah sie Oma. Was hatte sie denn da auf dem Arm, als sie aus der Tür ging?

Während sie wieder ohnmächtig wurde, hörte sie ein Kind schreien. Das war das letzte Mal, dass Milli auf dem Tisch lag.

9. Was war eigentlich geschehen?

Milli war schwanger geworden beim allerersten Eisprung, noch vor ihrer ersten Periode. Niemand hatte es bemerkt.

Auf dem Tisch, auf dem das Kind entstanden war, kam es auch zur Welt.

Junge oder Mädchen? Keine Ahnung.

Was wurde aus dem Kind? Keine Ahnung.

Wie ging es weiter?

Was mit Milli direkt danach passierte … mal wieder keine Erinnerung …

In dem darauf folgenden Jahr wurde sie furchtbar schlecht in der Schule, konnte fast nicht mehr lernen.

In dem darauf folgenden Jahr nahmen sich in diesem Dorf und den umliegenden Orten mehrere Männer das Leben.

Erklären konnte es niemand.

Milli konnte mit den Namen der Männer, außer dem ihres Vaters, nichts anfangen; trotzdem fühlte sie sich bei jedem einzelnen Todesfall irgendwie betroffen und hatte mal wieder keine Erinnerung und keine Ahnung, warum …

Nachwort

Selbstverständlich ist der Name Milli frei erfunden. Mir blieb nichts anderes übrig, als so zu schreiben.

Es ist mir immer noch nicht möglich, jedenfalls meistens, über diese schrecklichen Dinge in der Ich-Form zu sprechen.

Dieses Märchen ist auch nicht wirklich ein Märchen,

Aber es darf nicht passiert sein!

Keine der anderen beteiligten, noch lebenden Personen außer mir will zugeben, dass dieses Märchen die Wahrheit ist!

„Was nicht sein darf, das nicht sein kann."

Ansonsten hatte Milli übrigens eigentlich eine schöne Kindheit – ebenso ihre Geschwister.

Immer waren wir bestens versorgt! Immer war allen sehr wichtig, was denn die Nachbarn denken könnten.

Immer waren wir sauber und ordentlich gekleidet und gut ernährt!

Immer wurde auf eine ordentliche Ausbildung usw. geachtet!

Immer war alles bestens in Ordnung im Haus und Garten!

Niemals würde jemand vermuten, was auf diesem Tisch passiert ist!

Niemals hätte ich mich erinnern dürfen!

Dummerweise – für die anderen Beteiligten, und zum Glück für mich!:

… begegnete mir dieser Gott irgendwann auf eine neue Weise, durch Menschen und Träume, und machte mir klar, dass Jesus auch für mich am Kreuz hing!

… verstand ich, dass die Klappe zur Hölle nicht aufgeht.

… begriff ich, dass ich NICHT schuld bin an den Vorkommnissen.

… wurde vieles schon in mir so heil, dass ich meinen Mund nicht mehr hielt und nun in dieser Nacht diese Geschichte schrieb.

… begriff ich auch, dass es nötig ist, das Erlebte aufzuschreiben, aber ich achte die Meinung der anderen Beteiligten, denen es immer noch wichtiger ist, was die Nachbarn denken könnten, als sich darum zu kümmern, wie es Milli geht!

Ich führe zurzeit noch ein sehr chaotisches Leben, in dem sich Hoffnung und Hoffnungslosigkeit, Mut und Mutlosigkeit, Freude und Trauer, Liebe und Hass und manchmal sogar Glaube und Unglaube täglich die Hand geben.

Allerdings kippt die Waage immer mehr in Richtung der positiven Dinge.

Ich kann mich jetzt meines Lebens freuen.

Vor allem aber konnte ich schon vor langer Zeit vergeben!

Ich hoffe, dass Gott mit allen beteiligten Personen, so wie ich IHN kenne, gnädig, gütig, gerecht und liebevoll umgeht!

Sicher stimmt nicht jedes Detail hier hundertprozentig, vor allem was die Zeit vor meinem zweiten Lebensjahr angeht.

Die Dinge aus den ersten vier Wochen und die kurz danach, habe ich mir von meinem damaligen Kinderarzt bestätigen lassen, der nun endlich die Erklärung für das „Fruchtwasser" hat.

Alles kann und muss auch nicht aufgeschrieben werden.

Trotzdem könnte es möglich sein, dass mich irgendwer erkennt und den wirklichen Namen von Milli weiß. Über meine Familie oder Freunde könnten Sie an meine Adresse kommen. Ich halte mich immer noch im gleichen Bundesland auf! Sogar im gleichen Landkreis!

Eine Bitte habe ich an die beteiligten Personen:

Es sind noch viele Fragen offen. Bitte, bitte, melden Sie sich!

Gerade kommen mir wieder die Tränen, weil ich an mein Kind denken muss, von dem ich weder das Geschlecht noch das genaue Alter kenne. Ich weiß noch nicht mal, ob es lebt.

Ich habe Ihnen längst vergeben!

Bitte melden Sie sich!

Ihre Milli

30. August 2010, 3.45 Uhr

Heute

Die vorangehende Geschichte sprudelte nur so aus Milli heraus. Diese Geschichte ist einfach in ihr. Obwohl sie nicht ganz genau weiß, ob sie sich so zugetragen hat, ist sie gleichzeitig überzeugt, dass es so oder ähnlich war. Bevor Milli mit Therapien und Gesprächen begann, hatte sie kaum Erinnerungen – bis zum Tod ihres Vaters, als sie 14 Jahre alt war.

Sie weiß heute noch nicht genau, wer diese Männer waren, wobei der erste, von dem sie erzählt, der ihr die „Spezialmilch" verabreichte, wahrscheinlich ihr Opa war.

Sie wurde von diesen Männern regelmäßig mindestens einmal die Woche aus dem Schlaf gerissen und schändlich und grausam missbraucht. Es verdichtet sich die Vermutung, dass es ein Klan war, eine Satanssekte oder dergleichen.

Heute ist Milli 47 Jahre alt. Seit ca. 15 Jahren ist sie dabei, ihre Vergangenheit und den schrecklichen Missbrauch aufzuarbeiten, den sie erlebt hat. Durch Therapien und Gespräche, eingebettet in viele Gebete, und mit Gottes Gnade kommen nach und nach Erinnerungen hoch. Gefühle und Empfindungen bekommen einen Sinn, können eingeordnet werden, und viele Dinge, die in ihr sind, bekommen einen Namen.

Alte negative Glaubenssätze verblassen, Lügen werden entlarvt und abgelegt, Neues darf sie annehmen und trainieren. Aber es ist und bleibt ein Prozess, der Kraft kostet und sicherlich noch etwas Zeit braucht.

Je heiler Milli wird, umso kühner und mutiger kann sie über ihre Vergangenheit reden und erzählen. Es ist Milli ganz wichtig, dass Menschen von diesen Geschehnissen erfahren.

Sie ist überzeugt, dass heute noch, nicht nur deutschlandweit, Kinder jede Nacht rituell missbraucht, gequält und gefoltert werden.

Die Kindheit und Jugend

Wie schon erwähnt, hatte Milli vor den Therapien kaum Erinnerungen aus der Kindheit, bis auf eine Eins in Mathe, ein Foto mit der Schultüte, als sie bei dem Schuleignungstest war und wie sie als 4-Jährige mit Igeln spielte.

Milli ist die Älteste von vier Geschwistern. Nach außen war ihr Elternhaus ein anständiges Zuhause, sauber und geordnet. Die Wohnung und der Garten waren perfekt, es war immer genug Geld da, also alles gutbürgerlich.

„Nur ich war nicht gut genug", erzählt Milli. „Für meine Mutter war ich immer böse. Ich habe gedacht, sie hasst mich vielleicht wegen meiner schweren Geburt."

Millis Geburt war kompliziert, ihre Mutter muss dabei viel gelitten haben. Oma und Mutter haben es ihr immer wieder erzählt. Sie wurde in Steißlage geboren und atmete nach der Geburt lange nicht. Verschiedene Versuche mit heißem und kaltem Wasser und Klapsen auf den Po haben das Baby dann nach langen Minuten zum Atmen gebracht.

Von ihrem Vater wurde Milli geliebt und obwohl er sie in dieser Gruppe auch missbraucht hat, liebte sie ihn auch. Wahrscheinlich war er während des rituellen Missbrauchs so etwas wie ein Halt für Milli, weil er dabei immer ihre rechte Hand hielt.

Einige Monate nach dieser überraschenden, dramatischen Geburt ihres Kindes nahm sich Millis Vater das Leben. Er dichtete die Garage gut ab, legte sich vor den Auspuff seines Autos und vergaste sich.

„Ich wusste sofort, ich war schuld", erinnert sich Milli. „Zu dem Zeitpunkt hatten sich auch noch andere Männer im Ort, ich glaube es waren sieben, erschossen oder erhängt. Obwohl mir ihre Namen nichts sagten, fühlte ich mich für alle schuldig. Damals dachte ich, wenn in China ein Sack Reis umfällt, dann bin ich schuld."

Was diese Serie von Selbstmorden auslöste, weiß Milli nicht, sie glaubt aber, dass es mit ihr zu tun haben könnte: „Irgendwas muss damals schief gelaufen sein, irgendwas ist passiert, die Polizei war ständig da, die konnten nicht mehr so weitermachen." Damit hörten jedenfalls der Missbrauch und die nächtlichen Besuche dieser Männer auf.

Dann war da noch die Oma. „Durch Oma habe ich überlebt. Sie hat mich nachts mit dem ‚Asthma' rumgeschleppt. Bin oft zu ihr ins Bett gekrochen. Nach außen hin war auch bei Mutter alles in Ordnung. Sie wollte uns Kindern auch alles geben, was eine Mutter geben kann." Milli geht davon aus, dass Mutter und Oma sicher von dem Missbrauch etwas wussten. Omas Satz: „Das sind Männer, die brauchen das. Augen zu und durch!" klingt ihr heute noch in den Ohren. Sie vermutet auch, dass ihre Mutter sie hasste, weil sie in ihr eine Rivalin sah.

Milli konnte nicht mit Puppen spielen, mit anderen Kindern konnte sie nichts anfangen. Sie hatte zwei Freundinnen, die sie immer nach Hausaufgaben fragte, weil sie selbst sie vergaß oder es nicht schaffte, sie aufzuschreiben.

Sie war „lahmarschig", aber eine gute Schülerin. Eine Drei war eine schlechte Note für sie und bis zur vertuschten Geburt ihres ersten Kindes, als sie 13 war, kannte sie keine schlechtere Note. Aber danach ging es rapide bergab und ihre schulischen Leistungen ließen nach.

Milli erinnert sich, dass sie ab acht Jahren fast jeden Tag im Wohnzimmer in ihrem Sessel saß und weinte:

„Hab nur geheult, wusste nicht warum, und das durfte auch keiner merken. Habe von meiner Wunschfamilie geträumt, wo ich sein durfte, wo ich einen anderen Papa hatte.

Morgens kam ich nicht in die Puschen, war total neben der Kappe. Alles störte auf meiner Haut, es krabbelte und juckte. Ich musste unausgeschlafen in die Schule, hatte Schwierigkeiten beim Anziehen und habe oft fast den Bus verpasst."

Als sie 17 war, haben drei Jungen aus dem Dorf Milli abgepasst; sie ist „brav mitgegangen". Die drei Jungen wurden bei der Sache durch Nachbars Hund gestört, konnten noch türmen. Es kam zu einer Anzeige wegen versuchter Vergewaltigung. Milli verstand nicht, warum Mutter und Oma damals „so einen Affenzirkus" machten.

Aus Millis Sicht war gar nichts passiert. Im Gegenteil, sie hatte ein schlechtes Gewissen und war schuld daran, dass es den Dreien jetzt schlecht ging wegen der Anzeige.

Milli versteht es bis heute nicht, warum Mutter und Oma sich wegen so einer „Lappalie" aufregten, aber sicher vom Missbrauch an ihr wussten und ihn zugelassen hatten.

Vergewaltigt wurde sie auch von einem besoffenen, verheirateten Bekannten, gut aussehend, der nicht locker ließ. Es war während ihrer Lehre als Fachgehilfin im Gastgewerbe. Im Flur zwischen Bierkisten drang er in sie ein.

Das Fazit für Milli aus dieser Begebenheit: Es geht auch im Stehen zwischen Bierkisten!

Heute weiß sie: „Ich hätte mich wehren können – aber damals wusste ich nur: Ich darf mich nicht wehren und ich darf ihm erst recht nicht wehtun." Omas Satz war wieder präsent: *Das sind Männer, die brauchen das. Augen zu und durch!*

Vor der Lehre gelang es Milli, ein Jahr lang während eines Praktikums im Haushalt eines Rechtsanwaltes auch positive Erfahrungen zu sammeln: „Ich habe dort gelernt, dass ich was kann, dass es auch Leute gibt, die mich nicht so schlecht finden. Die Tochter war begeistert von mir."

Ansonsten war Milli einfach nur doof, dreckig, taugte nichts, zeigte Kerle an – „Da komm ich heute noch nicht drüber weg."

Zwei Millis

Es gab eine Tag-Milli und eine Nacht-Milli.

Die Nacht-Milli hat sehr früh schon Gebote gekannt. Sie wusste, was falsch und verkehrt war: „… dass ich Opas Schwanz in den Mund nehme, dass ich mit dem eigenen Vater Sex habe und mit allen anderen verheirateten Männern. Ich war schuld daran. Ich hatte immer wieder das Bild vor Augen, dass ich beim Jüngsten Gericht vor dem Richterstuhl stehe, vor Gott – da geht unten eine Klappe auf und ich bin weg, runter in die Hölle."

Die Nacht-Milli gab es eigentlich gar nicht, die durfte nicht sein. Die hatte Dreck am Stecken, der nicht ihrer war, und beeinflusste die Tag-Milli so, dass diese wusste: Sie hat bei Gott keine Chance.

Die Tag-Milli wusste nichts von der Nacht-Milli. Sie kannte auch sehr gut die Zehn Gebote. Sie wusste nur, dass etwas nicht stimmte und dass sie keine Chance hatte, dass bei ihr sofort „die Klappe zur Hölle" aufging. Andererseits wusste sie, dass „das beste Stück des Mannes" heilig und oberstes Gebot war. Da durfte man nichts machen, das ging nicht, sonst passierte was Schlimmes. Vielleicht kamen Schläge oder die Kohle oder der Strom.

Die Ehe

Es war kein Wunder, dass Milli ein völlig negatives Gottesbild hatte.

Sie erinnert sich, dass sie Gott zum ersten Mal vor dem Traualtar bewusst angesprochen hat: „Gott, du weißt, dass ich diesen Mann nicht haben will, aber ich weiß, dass du es willst, also sage ich ja." Milli war überzeugt davon, dass die Meinung ihrer Eltern das war, was Gott wollte.

Mit 18 Jahren heiratete Milli einen Mann, den sie gar nicht wollte, den sie einfach nur eklig fand. „Ich war zu blöd, einen Mann zu finden. Habe das getan, was ich dachte, was andere wollten. Mich gab es ja nicht. Meine ganze Ehe war eine einzige Vergewaltigung."

Millis Mutter und ihr Stiefvater (die Mutter heiratete nach drei Jahren nochmals) und die Oma fanden diesen Mann toll. Er hatte ein Haus, einen gesicherten Job und gesicherte Rente.

Milli war überzeugt: „Wenn die das alle wollen, dann muss ich ihn auch lieb haben. So etwas geht! Ich war fast überzeugt, ich wäre verknallt in ihn."

Für Millis Verlobten war Prestige und Ansehen sehr wichtig. Er war damals 27 und es musste nach einer geplatzten Verlobung schnell ein Ersatz her. Obwohl seine Traumfrau langes blondes Haar hatte, Milli jedoch nur dunkles kurzes Haar, war sie gut genug, um sein Image nach außen zu retten.

In 20 Jahren Ehe hatte Milli elf Schwangerschaften trotz Verhütung mit Pille oder Spirale oder anderen Methoden. Vier Kinder leben, der Rest waren Fehl- und Totgeburten. Sie hatte auch zweimal Zwillinge, von denen immer nur einer überlebte.

Geprägt von ihren Erfahrungen stellt Milli fest: „Ich habe immer alles, richtig gemacht. Lustvolle oder befriedigende Gefühle hatte ich dabei nie, bis heute nicht. Ich warte darauf, dass ich mal welche habe."

Millis Mann schlug sie immer, wenn sie gegen das Denken der Allgemeinheit oder gegen das Ansehen der Familie handelte.

Ihr erster Sohn war behindert. Sie musste sich unter Schlägen durchsetzen, dass der Junge Ergo- und Sprachtherapien bekam und einen integrativen Schulplatz. Nach Meinung ihres Mannes gehörte so ein Kind weggesperrt, versteckt.

Obwohl sie dafür „Schmisse" bekam, hat sie sich für ihre Kinder durchsetzen können: „Jedes Kind hatte einen anderen Bildungsweg. Aber zum richtigen Zeitpunkt hat jedes Kind die richtige Schule besucht und aus jedem Kind ist was geworden. Keines ist unter zuviel Schuldruck kaputt gegangen. Sie haben alle was gelernt und verdienen ihr Geld. Eine Tochter will studieren. Die beiden Jungs waren für ihn erwünscht, aber die Mädchen waren unwichtig, „die brauchten auch keine Geschenke."

Millis Chaos begann an dem Tag, als sie sich entschied, dass es wichtiger war, mit ihrem Sohn an die frische Luft zu gehen, anstatt die Wohnung aufzuräumen. Sie hatte wieder für das Kind entschieden – gegen die Ordnung. Das Kind war hyperaktiv und musste raus. „Als ich dann aufräumen wollte, fühlte ich mich überfordert und das Chaos in der Wohnung begann."

Während der Ehe bauten die beiden ein Haus. Stolz erzählt Milli, sie habe das Haus selbst gezeichnet. Das hatte sie mal in der Schule gelernt. Der Architekt bestätigte ihr damals, dass die Statik stimmte. „Nur die Statik vom Dach hatten wir nicht gelernt, die musste der Architekt machen."

Nach 18 Jahren Ehe trennten sich die beiden und zwei Jahre später ließen sie sich scheiden. Der Grund, warum die Ehe kaputt ging war, dass sich ihr Mann maßlos mit ihr schämte. Sie war alles andere als eine Frau, die man vorzeigen konnte und die zum Prestige beitrug. Nach der Geburt ihres ersten Sohnes hatte Milli nämlich innerhalb von sechs Monaten 60 kg zugenommen. In einer Klinik wurde ihr dieses Phänomen so erklärt, dass der psychische Stress ihren Körper streiken ließ.

Heute weiß Milli: „Ich hatte ein Kind von einem Mann, den ich nicht wollte. Mein erstes Kind wurde weggelogen. Ich hatte keine Ahnung vom Missbrauch, ich wusste nur, dass etwas mit mir nicht stimmte. Ich glaube, bei dieser Geburt stand mein erstes Kind wieder auf. Ich weiß, seit ich 13 war, wie man ein Kind kriegt, habe jede Nacht davon geträumt, bis zum zweiten Kind in meiner Ehe. Ich weiß nicht, was sie mit diesem ersten Kind gemacht haben, ob sie es umgebracht haben, Satan geopfert haben, weggegeben haben, oder ob es meine kleine Schwester ist, die 13 Jahre jünger ist als ich."

Es gelang Milli einmal, unabsichtlich über 40 Kilo in kurzer Zeit abzunehmen, als sie bei einem guten Freund arbeitete. „Damals war ich gut für etwas. Da hatte ich einmal im Leben Rückendeckung. Sonst war ich nur blöd, chaotisch und nicht gut genug. Ich glaube, in Gedanken hat mich mein Mann schon in der ersten Schwangerschaft betrogen. Als unsere Ehe auseinander war, habe ich erfahren, dass er mich spätestens nach zehn Jahren betrogen hat. Er muss todunglücklich gewesen sein in der Ehe mit so einer Frau wie mir.

Wer aber meinen Mann als Freund hat, kann keinen besseren Freund haben. Wenn du Geld brauchst, ein Auto, seine Zeit oder handwerkliche Hilfe, er leiht und gibt und hilft. Er ist ein zuverlässiger und treuer Freund für andere. Ich könnte mir auch vorstellen, dass er generell treu ist, er hatte eben die falsche Frau. Nur ich hätte ihn nicht heiraten dürfen."

Heute ist dieser Mann wieder verheiratet.

Terror, Armut und Gott

Nach der Trennung begann für Milli das, was sie mit Terror und Armut bezeichnet. Das Haus wurde zwangsversteigert, die Kinder blieben bei ihr.

Ihr Mann zahlte keinen Unterhalt und er wusste es auch zu verhindern, dass sie von irgendwoher Hilfe oder Unterhalt bekamen. Alle ortsansässigen Anwälte lehnten sie ab, aus welchen Gründen auch immer. Später erfuhr sie, dass er mit allen gut bekannt war. Die Scheidung lief nur mit Versorgungsausgleich, es hieß, sie hätte keinen Anspruch auf Unterhalt.

Milli hatte nur etwas Erspartes und das Kindergeld für vier Kinder zur Verfügung. Beim Jugendamt hatte sie verschiedene Anfragen wegen finanzieller Hilfe gemacht, die aber ohne weitere Prüfung einfach mündlich abgelehnt wurden.

Guckt Gott nur zu?

Milli hatte schon früh einen Glauben an Gott, jedoch war dieser gespickt von Unsicherheit, Zweifeln und einem negativen Gottesbild. Sie erkennt aber ganz deutlich Gottes Handschrift in ihrem Leben.

Schon dass sie ihre Geburt überlebte, den schrecklichen Missbrauch und viele andere Sachen, sind Wunder. Besonders ganz konkrete Versuche und Anschläge auf ihr Leben, die Gott verhinderte, zeigen klar, dass Gott über ihrem Leben wacht und einen ganz bestimmten Plan mit ihr hat.

Bei der Konfirmation traf sie eine ganz bewusste, echte Entscheidung für Gott.

Als Kind schon wusste sie: „Ich habe etwas da drin in mir, das dürfen die anderen nicht wissen, sonst nehmen sie es mir weg. Es war ein kleines Krümelchen, ich habe es drin gemerkt, das war mein größter Schatz, auf den ich aufgepasst habe."

Milli wusste nicht, dass der Heilige Geist schon in ihr wohnte und schon gar nicht, dass sie zu Gott gehen und mit ihm reden kann.

Stattdessen betete der Heilige Geist in ihr, als sie als 4-Jährige wieder mal von allen Seiten aufs Heftigste missbraucht wurde und diese Männer auf ihr „rumrammelten": „Herr, vergib ihnen, denn sie wissen nicht, was sie tun."

Milli erinnert sich, dass sie damals ganz erschrocken dachte: „Was habe ich eigentlich da gedacht?"

Millis Leben ist trotz allem ein Zeugnis für Gottes Wirken in ihrem Leben. „Wir hatten kein Geld", erinnert sich Milli. „Meine Kinder hatten aber immer zu essen, obwohl sie eigentlich verhungern und verdursten hätten müssen. Ich habe immer irgendwelches Geld für Klassenfahrten zusammengekriegt. Ich habe irgendwoher eine Arbeit oder irgendwoher Geld geschenkt bekommen. Nicht nur einmal standen Leute vor meiner Haustür mit vollen Taschen und mit den Worten: ‚Gott hat mir gesagt, ich soll für dich einkaufen.' Von einer Frau, einer Bekannten, habe ich einmal 500 DM geschenkt bekommen."

Diese Frau erhielt von Gott die Anweisung, Milli dieses Geld zu geben. Sie erbat sich dann von Gott die Bestätigung, dass Milli anrufen sollte, obwohl Milli sie vorher noch nie angerufen hatte. Als Milli dann aus irgendeinem Grund bei ihr anrief und zwar gerade nach dem „Amen" ihres Gebets, wusste sie, noch bevor sie den Hörer nahm, dass es nur Milli sein konnte. Sie gab ihr dann das Geld. Ich bin sicher, diese Frau hat sich damit einen „Schatz" im Himmel erworben.

Zu der Zeit, als sie am wenigsten Geld hatte und absolut keinen Euro für Lebensmittel oder Zigaretten, sorgte Gott dafür, dass sie so viele Lebensmittel geschenkt bekam, über mehrere

Wochen hinweg, dass sie davon noch verteilen musste an andere Bedürftige in ihrem Ort. Oder sie konnte etwas davon gegen Waschpulver oder andere Sachen eintauschen. „Und das ging nur mit Dem da oben", bestätigt Milli.

Terror

Zurzeit lebt Milli alleine. Ihr Leben, ihr Alltag ist immer noch ein Kampf ums Überleben. Finanzielle Sorgen und Nöte, körperliche und gesundheitliche Beschwerden, Beziehungsprobleme und Ablehnung sind ihre täglichen Begleiter.

Das Schlimmste aber ist, sie wird von Seiten einiger Menschen, wahrscheinlich von denen, die in irgendeiner Form mit ihrer Vergangenheit zu tun hatten, massiv terrorisiert und unterwandert.

Einer ihrer Therapeuten hatte die Vermutung, dass es sich um Leute aus dieser Gruppe der Männer handelt, die sie missbraucht hatten. Diese wollen verhindern, dass Milli redet, oder irgendwelche Aussagen macht. Diese Männer haben durch ihre Positionen und Beziehungen die Macht, mit allen Mitteln zu verhindern, dass es Milli gut geht.

Sie schaffen es, Milli so mit Geldeintreiben und ganz einfach mit Kämpfen ums nackte Überleben zu beschäftigen, dass sie keine Zeit und Kräfte hat, über etwas anderes nachzudenken.

Sie ist überzeugt: „Mit dem Terror versuchen sie, mich für die Psychiatrie reif zu machen, oder Selbstmord zu begehen, nur um nicht irgendwelche Aussagen zu machen."

Eine Therapeutin stellte Ähnlichkeiten bei Milli und zwei anderen Frauen fest, die auch damit irre gemacht werden sollten, dass z. B. Sachen verschwanden und später dann an gleicher Stelle wieder auftauchten. Milli sollte selber glauben, sie sei irre oder schizophren.

Ihr erster Therapeut erkannte glücklicherweise irgendwann aus ihren Berichten das System dieser Leute und warnte sie. So ließ er sie anrufen und ihr sagen, dass innerhalb der nächsten drei Tage wieder etwas passieren würde. Er wusste nicht was, aber sie sollte sich nicht aufregen.

„Ich wusste nun endlich, womit ich es zu tun hatte und dass ich nicht irre bin. Ich bin diesem Therapeuten so dankbar, dass er mich damals anrufen ließ. Damals hatten sie mir am Auto die Uhr vorgestellt."

Und noch mehr Terror

Eine Zigarettenpause ist jetzt für Milli wichtig, sie geht auf die Terrasse. Ich bleibe an meinem Schreibtisch aufgewühlt sitzen und ordne mit Kopfschmerzen meine Aufzeichnungen. Seit etwa drei Stunden erzählt Milli nun ohne zu ermüden.

Wir haben uns viel vorgenommen und ich bedauere nun doch, die 40 Euro für ein Diktiergerät nicht ausgegeben zu haben.

Milli kommt nach Rauch riechend zurück und zählt noch mal die Sachen auf, die ihr grad so einfallen, womit sie terrorisiert wurde:

Dreimal wurde ihr Haustürschloss manipuliert oder kaputt gemacht, so dass sich die Tür nicht mehr schließen ließ. Für Reparaturen hatte sie kein Geld, also blieb die Haustür immer offen.

Dadurch verschwanden häufig Sachen aus der Wohnung und tauchten dann später an gleicher Stelle wieder auf.

Zwei Räder am Auto wurden losgeschraubt (es kam, Gott sei Dank, nicht zu einem Unfall).

Reifen wurden plattgestochen.

Einmal fehlte ein Schlüssel am Schlüsselbund.

Dann fand Milli Milchpulver und Erbrochenes im Auto verstreut.

Steuersachen wurden ihr aus dem Auto geklaut, die dann ein dreiviertel Jahr später wieder auftauchten.

Beim 17. Mal hörte sie auf zu zählen, als sich ihr Auto nicht starten ließ, weil das Zündkabel abgezogen war.

Am Automotor wurde öfter manipuliert.

Irgendeine stinkende Chemikalie wurde einmal vor die Waschmaschine gekippt, dass es sogar zu einem falschen Gasalarm kam.

Mit einem kaputten Elektrogerät hatte man den ganzen Stromkreis in der Mietwohnung lahmgelegt und versucht, das Haus anzustecken.

Einmal hing ein Strohmännchen mit einer Nadel im Bauch an der Haustür.

„Und bei all diesen Anschlägen hat Gott mich immer vor dem Schlimmsten bewahrt und er hat dafür gesorgt, dass mich Leute aufgeklärt haben", fügt Milli hinzu.

Milli musste dreimal die Wohnung wechseln, und zwar immer wenn ein Kind auszog. Die Wohnung war dann zu groß für das Geld, das ihr vom Amt bewilligt wurde.

Sie machte die Erfahrung, dass die Vermieter, die ihre Wohnungen inseriert hatten, jedes Mal angerufen wurden und vor Milli gewarnt wurden. Sie würde nicht bezahlen, sei dreckig und man hätte nur Probleme mit ihr. Es war schwer für sie, eine Wohnung zu finden.

„Bei Banken haben sie angerufen und erzählt, dass ich lüge und betrüge. Ich bekam keinen Kredit bei vielen Banken. In dem Moment, wo ich meinen Namen nannte, bekam ich kein Geld, keine Wohnung, nichts mehr."

Das ist heute noch so. Bei der letzten Wohnung sorgte Gott dafür, dass Milli eine Wohnung entdeckte, die gerade leer wurde. So konnte sie, eine Woche bevor der Vermieter sie in die Zeitung setzen wollte, sich die Wohnung ansehen und mit dem Vermieter gleich den Vertrag machen.

Nach der Zwangsversteigerung hatten sie Umzugskisten gepackt. Diese fand Milli nach drei Tagen wieder ausgeschüttet, so dass alle Sachen auf einem Haufen im Zimmer lagen, mit dem Resultat, dass der Gerichtsfritze so einen „Sauhaufen" noch nie gesehen hatte … Meine Mutter kam nur, um sich an meiner Not zu weiden. Sie hat sich nie hinter mich gestellt, sie hatte ja so eine schreckliche Tochter. Es war perfekt gemacht, ich war so fertig.

An der Reaktion meines Mannes habe ich gemerkt, dass er irgendwie zu diesem Klan dazugehören muss. Das erweckt den Eindruck, dass alles, auch die Heirat, geplant war, um mich unter Kontrolle zu haben. Erst nach der Trennung fing der Terror an.

„Sie haben den Anschein erweckt, als würden sie ständig und immer wissen, wann und wo ich mich befinde, was ich gerade mache und dass sie mich kontrollieren."

Irgendwann im Winter standen kurz vor 24 Uhr zwei Polizisten vor der Tür und wollten Milli den Führerschein abnehmen. Sie hätten einen Anruf bekommen, Milli sei betrunken Auto gefahren. Als sie jedoch merkten, dass sie klar redete und keine Fahne hatte, stellten sie fest, dass es „eine Finte war und dass mir einer was wollte".

Ein Vierteljahr später ging beim Jugendamt anonym eine Anzeige ein, dass Milli schwer alkoholabhängig sei und das „Zeug" auch an ihre Kinder weitergäbe.

Milli musste an einem Tag vor Gericht eine wichtige Zeugenaussage machen, ihre Kinder waren alleine zuhause in dem Chaos. Aber Gott schickte ihr eine Bekannte nachhause, die sie besuchen wollte. Als sie Milli nicht antraf, entschied sich diese Frau zu warten und blieb bei den Kindern.

Als dann der Jugendamtsvertreter ausgerechnet an diesem Nachmittag kam, waren die Kinder nicht alleine, sie war als Erwachsene bei den Kindern. Es wurde Milli glaubhaft versichert, wäre diese Bekannte nicht dagewesen, hätte das Jugendamt ihr die Kinder weggenommen.

Milli hatte so manchen Leuten von diesem Terror erzählt, jedoch klang es in den Ohren vieler nicht glaubhaft und ganz schnell wurden ihr paranoide Züge angedichtet. Wie sonst könnte man aber, nur stellvertretend für alles andere, die folgenden vier Anrufe einordnen? :

Eine Mitarbeiterin ihrer Bank, deren Gewissen sich meldete, rief an: „Frau M., ich rufe Sie jetzt nicht an und ich sage Ihnen nicht, dass morgen Ihre Konten gesperrt werden."

Ein Vermieter, als Milli eine Wohnung suchte: „Ich habe einen Anruf erhalten, ich werde nicht an Sie vermieten, auch nicht gegen 4000 Euro Kaution."

Eine weitere Bank: „Ihr Mann hat uns angerufen, wir werden Ihnen nicht einen Euro leihen."

Ihr Anwalt in München, als es um die Versteigerung des Hauses ging: „Ihr Chef hat mich angerufen, alles was Sie erzählt haben, ist gelogen. Ich lege das Mandat nieder."

Einfach nur Wunder …

Wie schon erwähnt, hat Milli Gottes Fürsorge in allen Lebenslagen und Situationen erfahren. Einige dieser Erfahrungen und Erlebnisse kann man als Wunder bezeichnen.

Krebs?

Sie entdeckte nämlich 1995 einen kleinen Knoten in der rechten Brust. Der Frauenarzt nahm die Sache jedoch nicht ernst und schickte sie wieder heim. Drei bis vier Monate später tat die Brust weh, sie hatte einen großen roten Fleck und die Brustwarze zog sich nach innen. Beim Abtasten bemerkte sie, dass der Knoten nun kastaniengroß war.

Als sie wieder zum Arzt ging, diesmal war seine Frau da, auch eine Ärztin, bekam diese einen Schrecken. Sie machte persönlich sofort Termine für den nächsten Tag zur Mammographie und für Ultraschall.

Milli kam das alles aber gar nicht gelegen. Es war kurz vor einem christlichen Seminar, für das sie sich angemeldet hatte und zu dem sie unbedingt hinwollte. Sie war ärgerlich auf den Arzt. Sie wusste, dass das „Ding" das Aus für das Seminar bedeuten könnte, wenn ein sofortiger Eingriff notwendig wäre.

Milli unterhielt sich mit sich selbst und mit Gott. Sie erklärte Gott, dass sie überhaupt nicht einsah, dass nach so vielen Monaten, ausgerechnet vor dem Seminar noch „geschnippelt" werden sollte, wenn es denn tatsächlich Krebs sein sollte. Sie war bereit, am nächsten Tag noch zu den Untersuchungen zu gehen, aber alles andere musste nach dem Seminar stattfinden.

„Ich bin Dein Kind! Und auch dieser Knoten ist in Deiner Hand! Ich werde eh erst zu dem Zeitpunkt sterben, den Du längst festgelegt hast! Also, gebe ich alles in Deine Hände! Alles außer der Mammographie kommt nachher!" – Das war ihr Entschluss.

Am nächsten Tag wurde der Knoten vergeblich gesucht beim Abtasten. Und auch zwei Mammographien und zweimal Ultraschall ergaben keinen Befund. **Der Knoten war weg!**

Ein Drama in mehreren Akten

Die Geburt ihres jüngsten Kindes, einer Tochter, und die Begebenheiten und Entwicklungen danach, sprechen für sich.

Durch die Unvorsichtigkeit von Ärzten und Schwestern wurden Milli zur Geburtsvorbereitung Medikamente und Mittel gegeben, die sie nicht vertrug. Daraufhin bemerkte sie Taubheit in ihren Armen und konnte sich dann nicht mehr bewegen. Sie konnte auch nicht mehr reden und sich verständlich machen. Sie bekam irgendeinen Anfall, bei dem sie nur noch um sich schlug, einen epileptischen vielleicht(?); sie hatte nichts mehr unter Kontrolle, so dass sie angebunden werden musste. Ärztin und Schwestern waren in heller Aufregung.

Irgendwann im Kreißsaal konnte sie dann von oben zugucken. Sie sah das Köpfchen des Kindes halb draußen und die Fruchtblase davor war noch nicht geplatzt. Die Hebamme wollte sie irgendwie aufdrehen. Als Milli „halb hinüber" von oben zuguckte, hatte sie Angst, sie könnte ihrem Kind den Hals umdrehen. Dann war sie wieder unten, weiß aber nicht mehr, wie sie das Kind „rausgekriegt hat".

Halb gelähmt und lallend, mit schwerer Zunge, konnte sie gerade noch verhindern, dass die Ärztin ihr dann etwas später die Medikation verabreichte, die es nach der Geburt gibt, denn das wäre ihr Todesurteil gewesen. Millis Körper reagiert auf vieles allergisch.

Ihr Kind bekam nach einer Spritze aufgrund einer dreckigen Nadel eine Infektion. Die Hb-Werte waren viel zu lange zu hoch, es wurde nicht erkannt. Es hieß nur, das Kind trinke nicht genug. Es hätte sofort in eine spezielle Klinik gemusst, weil die Gefahr bestand, dass das Gehirn nicht ausreichend durchblutet wurde.

Am nächsten Tag schickte der Himmel den Kinderarzt außer der Reihe vorbei. Dieser erkannte das Problem und veranlasste sofort die Einweisung in die Spezialklinik.

Bei Milli selber hatten sie im Unterleib eine Tamponade gelegt und nach dem Nähen vergessen. Sie hatte bis dahin keinen richtigen Wochenfluss bemerkt. Erst bei der Abschlussuntersuchung, als sie dieses Krankenhaus nur noch verlassen wollte, holte die Ärztin die stinkende Tamponade heraus.

Das Kind kam in eine Kinderklinik. Dort wurde festgestellt, dass es spätestens nach sechs Stunden tot im Bett gelegen hätte, wenn es nicht endlich an den Tropf gekommen wäre. Das Kind hatte 24 Stunden lang keine richtige Versorgung bekommen. Dann stellte Milli fest, dass das Kind Entwicklungsverzögerungen hatte und taubstumm war. Mit zwölf Wochen hatte der Kinderarzt bestätigt, dass etwas nicht in Ordnung war. So richtig feststellen hätte man es erst mit neun Monaten können. Fakt war, dass das Kind bei lauten Geräuschen in verschiedenen Situationen nicht reagierte, aber dafür bei kleinsten Berührungen zusammenzuckte, wenn es so angefasst wurde, dass es dabei keinen sehen konnte.

Um des Familienfriedens willen stimmte Milli der Taufe zu, obwohl sie lieber eine Einsegnung in ihrer Gemeinde vorgezogen hätte. Vor der Taufe wurde Milli vorgeschlagen, für das Kind und seine Heilung beten zu lassen. Milli hatte dafür keinen Glauben, sie war überzeugt: Wenn Gott heilen würde, dann sollte es auch ein Zeugnis sein. Sie dachte, Gott tue das Wunder erst dann, wenn die Behinderung ärztlich belegt sei, und da es noch nicht eindeutig festgestellt worden war, war es halt so eine Sache. Sie war überzeugt, dass Gott jetzt nicht eingreifen würde, irgendwann vielleicht, aber nicht jetzt. Gnädigerweise willigte sie ein und es wurde für das Kind gebetet.

Erstmal passierte auch nichts, was Milli gar nicht wunderte. Heute weiß sie, dass Gott die Taufe abwarten wollte. Einen Tag nach der Taufe, als ein Groschen auf den Tisch fiel, zuckte das Kleine zusammen. Etwas später gab es auch Laute von sich wie ganz normale Babys es tun. Also konnte sie hören. Das Kind war geheilt.

Milli hatte somit zwei Lektionen gelernt. Erstens hatte Gott ihr demonstriert, dass Er seinen Zeitpunkt hat, an dem er was tut, auch ohne ihren Glauben. Das allein stellt diesen Grundsatz mit dem Glauben irgendwie auf den Kopf. Oder Gott sah in ihr Herz und fand trotzdem Glauben, nur nicht für den Zeitpunkt. Aber wir wissen, dass bei Gott kein Ding unmöglich ist!

Zweitens hatte sie begriffen, dass Gott auch die Kindertaufe ernst nimmt – auch wenn sie in freikirchlichen Gemeinden nicht praktiziert wird – und dass es Gott gar nicht auf die Äußerlichkeiten ankommt, vielmehr auf die Herzenshaltung.

Das Kind auf der Dachrinne

Milli wohnte eine Zeit lang mit ihren Kindern in einer Wohnung über einem Sägewerk (im Schwarzwald). Dadurch war die Balkonhöhe etwa 9–10 m, hatte also nicht die normale Höhe eines Stockwerkes. Das Kleinste war anderthalb Jahre alt und befand sich auf dem Balkon. Von draußen gab es eine Treppe und ein Geländer und darunter eine Art Vordach.

Das Haus war voller Kinder und weil auch noch Freunde da waren, bemerkte Milli nicht gleich, dass das Kind weg war. Sie suchten die Kleine im ganzen Haus und vor der Haustür, fanden sie aber nicht, obwohl sie sie hörten.

Als sie dann über das Balkongeländer guckte, sah sie die Kleine mit ihrer Windel auf der Dachrinne sitzen. Sie weiß bis heute nicht, wie das Kind auf die Dachrinne gekommen ist und dort mit der Windel hängen blieb. „Sie hing da so irgendwie."

Es gab keine vernünftige Erklärung dafür, wie die Kleine aus dem Balkon hatte klettern können.

Sie konnte nicht hoch und nicht runter und sie war auch viel zu klein.

Als die Nachbarin auftauchte, bat sie diese, unten stehen zu bleiben und das Kind aufzufangen, während sie von oben versuchte, an sie heranzukommen. Sie schaffte es aber nicht. Es musste eine Leiter her. Ein Nachbar wurde gerufen, der eine Leiter brachte, die jedoch zu kurz war. Ein anderer Nachbar kam mit einer größeren Leiter, die ebenfalls zu kurz war. Milli probierte von oben, die Nachbarn von unten, aber sie kamen nicht an das Kind heran, das in der Dachrinne hing. Verzweifelt dachte Milli: „Gott, was machen wir jetzt?"

Auf einmal bekam das Kind einen Schubs und Milli konnte es greifen. Sie dachte, die von unten hätten es irgendwie geschafft, mit einer größeren Leiter dem Kind wenigstens einen Schubs nach oben zu geben, wenn sie es schon nicht greifen konnten, so dass es Milli gelang, die Kleine zu fassen. Die Nachbarn unten dachten, dass Milli es von oben dann doch geschafft haben muss, an das Kind zu kommen.

Erst Stunden später, nachdem sich der Schock gelegt hatte, realisierten alle, dass da etwas nicht stimmen konnte, dass eine unsichtbare Hand das Kind „geschubst" haben musste.

Wenn das etwas Schlimmes ist ...

Im April 2008 ging es Milli tagelang schlecht. Nachbarn hatten ihr den Blutdruck gemessen, der sehr hoch war, der zweite Wert war 136. Zu der Zeit hatte sie Ärger mit Bekannten. Als diese wieder mal anriefen und Milli voller Aufregung ins Bett ging, merkte sie nachts irgendwann, dass sie sich nicht mehr bewegen konnte. Sie konnte nicht mehr sprechen, der Mundwinkel fühlte sich so an, als ob er herunterhängen würde. Sie konnte nichts mehr tun, nur noch denken.

Sie betete: „Herr, wenn das jetzt etwas Schlimmes ist, dann lass mich lieber tot sein, auf keinen Fall ein Pflegefall. Morgen habe ich wichtige Termine mit den Kindern. Entweder ich bin morgen tot, dann ist alles egal und gut, oder ich bin morgen wieder gesund und funktionsfähig und ich verspreche dir, ich gehe zum Arzt." Dann schlief Milli ein.

Am nächsten Morgen war alles vorbei, sie war beweglich und gesund. Wegen des Arztbesuches überlegte sie noch hin und her, aber weil sie es Gott versprochen hatte, ging sie hin. Der Arzt stellte einen Schlaganfall fest und einen Herzinfarkt. Letzteren muss sie wohl früher irgendwann gehabt haben. Der Schlaganfall hatte zur Folge, dass die Reflexe und auch die ganze rechte Seite nicht mehr so einwandfrei funktionierten. Sie bekam ein Mittel zur Vorbeugung eines zweiten Herzinfarktes.

Der Zahn

Milli litt ca. drei Jahre an einem gespaltenen Backenzahn. Der Zahnarzt empfahl ihr, eine Krone draufsetzen zu lassen. Diese sollte 400 Euro kosten, die sie nun mal nicht hatte. Also ließ sie es bleiben.

Dadurch wurde es aber auch nicht besser. Irgendwann entzündete sich das Zahnfleisch und es musste etwas geschehen. Einfach den Zahn zu ziehen wäre wegen der Nachbarzähne zu gefährlich gewesen, die dabei auch „rausgeflogen" wären.

In Gedanken redete sie mit Gott: „Herr ich brauche jetzt irgendwie das Geld für den Zahn. Aber eigentlich brauchst du nur schnips zu machen und der Zahn ist wieder ganz ..."

Im gleichen Gedankenzug aber dachte sie, dass Gott viel Wichtigeres zu heilen hätte bei so vielen anderen Menschen als ihren Zahn und glaubte, dass Gott sich um so eine Kleinigkeit sicher nicht kümmern würde. Am nächsten Tag war der Zahn geheilt und wieder ganz. Der Zahnarzt röntgte ihre Zähne und bestätigte das Wunder.

Millis Heilungsweg

Vor allem aber sorgt Gott dafür, dass Milli Stück für Stück wieder heil wird. Es ist ein wundersamer Weg, den Gott mit ihr geht:

Er wirkt durch Therapien, Gespräche, Gebete, Träume und immer wieder Menschen, die Gott Milli zur Seite stellt, und zwar immer die richtigen zum richtigen Zeitpunkt, die sie informieren, begleiten, ihr helfen, zuhören, für sie beten …

Es hat den Anschein, als wäre Millis Glaubenstaufe jedoch eine Voraussetzung dafür gewesen. Auch hierzu wurde Milli von Gott geführt und gelenkt, obwohl sie innerlich erst dagegen war.

Die Taufe[1]

Milli war einmal bei einem Taufgottesdienst in einer Freikirche anwesend und fand es peinlich und albern, was da mit den Täuflingen geschah. Für sie war auch klar, dass sie schon als Baby „getauft" worden war. Sie wollte sich nie als Erwachsene taufen lassen!

---

[1] Aus Sicht der meisten bibelorientierten Gemeinden ist eine Kindertaufe ungültig, da ein Kleinkind keine bewusste Entscheidung treffen kann.

Gott hatte jedoch einen anderen Plan. In einem Gottesdienst in Altensteig im Schwarzwald bei JMS fand sie auf dem Boden einen Gemeindebrief mit dem Hinweis der nächsten Taufe am 7. Oktober 1995. Sie hob ihn auf und legte ihn auf den Tisch. Seither ging ihr die Taufe nicht aus dem Kopf und ihr Herz klopfte, wenn sie daran dachte!

Tagelang bewegte sie dieser Gedanke. Sie entschied sich dann endlich sich anzumelden, falls diese Gemeinde sie taufen wollte.

In den folgenden zwei Wochen war sozusagen „der Teufel los" bei Milli zuhause.

Sie konnte zwar jemanden für die Kinder finden und ihr Mann gab auch sein Einverständnis und das nötige Fahrgeld dazu, aber es gab sonst tausend Schwierigkeiten in der Schule, im Haushalt und drum herum …

Das war für sie ein Hinweis und es wurde ihr immer klarer, dass dieser Schritt zur Taufe unheimlich wichtig sein musste.

Erst im Laufe der Jahre mit zunehmender Erkenntnis über ihre verdrängte Vergangenheit, begriff sie immer mehr, wie wichtig die Taufe war und was sie bedeutet.

Immer wenn sie verzweifelt war, wenn sie sich wieder mal wie der letzte Dreck, maßlos schuldig und schmutzig fühlte, und wenn sie über Selbstmord nachdachte, sprach sie diesen Satz: „HERR, in Deinem Namen bin ich getauft! Ich gehöre DIR!"

Millis Taufspruch steht in Joh. 8,12: „Jesus redete zu ihnen und sprach: Ich bin das Licht der Welt. Wer mir nachfolgt, wird nicht in der Finsternis wandeln, sondern er wird das Licht des Lebens haben."

Und es ist tatsächlich so, Milli bleibt Gott treu und Jesus bringt immer mehr Licht in Millis Leben und in die dunkle Vergangenheit.

Schlangen

Milli weiß, die Taufe war nur die Voraussetzung, denn der eigentliche Heilungsweg begann mit einem Traum im November 1995 während eines Seminars von De'Ignis. Bis zu dem Zeitpunkt wusste sie nichts von ihrem Missbrauch. Sie wusste nur, dass mit ihr etwas nicht stimmte. Sie hatte ihre ganze Kindheit bis ca. zum 14. Lebensjahr verdrängt, eingepackt, weggeschoben ...

Im Traum lag Milli wieder einmal nackt auf diesem Tisch. Um sie herum waren mehrere Männer, die sie nicht genau erkennen konnte. Sie machten perverse Sachen mit ihr. Sie durfte nicht schreien oder sich gar wehren. Auch durfte sie nicht zubeißen, wenn sie keine Luft bekam, weil irgend so ein „Ding" ihr zu tief in den Mund gesteckt wurde. All diese Dinge, die die Männer mit ihr machten, kannte Milli irgendwie, sie waren ihr nicht fremd. Sie kann heute noch nicht beschreiben, ob sie damals schlief oder wach war. Es war schrecklich für Milli. Diese Männer missbrauchten sie heftig und wurden immer perverser.

Irgendwann hörte es auf. Milli lag wach und völlig aufgelöst im Bett und betete. Sie fragte Gott: „Was war das? Bin ich verrückt? Wie kann ich so etwas Verrücktes träumen? Das kann doch nicht passiert sein! Woher habe ich so perverse Gedanken? Was sind das für Männer gewesen??? Oder ist das wirklich mal passiert, warum hat niemand etwas gemerkt? Ich kann nicht glauben, dass man sowas tun kann!?

Womit, Herr, haben die mich, wenn es wirklich passiert ist, zum Schweigen gebracht? Ich fühle mich so dreckig, eklig, peinlich, doof … wie soll ich jetzt weiter leben? Wie kriege ich den Dreck weg? Oder ist das doch nur alles Spinnerei?"

Fragen über Fragen in einem desolaten Zustand.

Gott ließ sie nicht lange auf die Antwort warten, irgendwann schlief sie wieder ein, oder doch nicht? Die Männer waren wieder da! Sie hielten Milli eine Schlange vors Gesicht und über den Bauch, dann legten sie diese auf ihren nackten Bauch. Während Milli vor Panik erstarrte, ergötzten sich die Männer an ihrer Angst.

Sie hielten ihr die Schlange nochmal vor das Gesicht: „Wenn du redest, stecken wir dich in ein Schlangennest! Die Schlangen kriechen dann an dir hoch, in dich hinein, vermehren sich in dir und fressen dich von innen auf!"

Voller Panik und mit Herzklopfen wurde sie wieder wach, war wieder bei Bewusstsein.

Völlig fertig hatte sie nun die Antwort und den Grund, warum sie nie darüber geredet hatte, warum sie all die Jahre geschwiegen hatte, ja, sogar so tief verdrängt hatte.

„Herr ich kann so nicht mehr leben, was soll ich tun?" betete Milli.

„Schreib alles auf, trau dich! Erzähle es morgen einem Therapeuten, der kann dir helfen!" so hatte Milli die Antwort im Kopf.

Also schrieb Milli alles genau auf und fand am nächsten Morgen tatsächlich einen Therapeuten, der Zeit hatte. Sie bat ihn, das Geschriebene zu lesen, er wollte jedoch, dass sie es ihm vorlas. Sie schämte sich sehr, tat es aber und wäre am liebsten dabei im Erdboden versunken. Zum Schluss fragte sie ihn, wie sie zu so einer versauten Fantasie kommen konnte, so etwas gäbe es doch nicht wirklich ... das konnte doch nur gesponnen sein!?

Der Therapeut stellte noch ein paar Fragen und war sich dann absolut sicher: Das ist nicht ausgedacht, nicht im Fernsehen gesehen oder sonst etwas Ähnliches. Sie wüsste zu detailliert, was, wann, wie und wo passiert ist, welche Folgen es hatte und wie es sich anfühlte. Er hatte keinen Zweifel daran, sie musste das erlebt haben!

Und er sagte noch einen Satz, der für Milli wichtig war: „**Du bist nicht schuld!**"

Hier wurde Milli zum ersten Mal bewusst, dass sie getauft war und daran krallte sie sich fest. In vielen Situationen, die noch folgen sollten, wenn Milli kurz vor dem Verrücktwerden war, weil sie sich die Dinge nicht erklären konnte, die mit ihr passierten, **war der Gedanke an die Glaubenstaufe wie ein Anker.**

Es war wie eine Bestätigung, dass Gott doch noch da war …

Das Seminar war an dem Tag zu Ende und Milli fuhr nachhause. Es ging ihr etwas besser.

Fluch oder Psychose? … und Befreiung

Die Quittung dafür, dass Milli zum ersten Mal über ihren Missbrauch redete und sich einem anderen mitteilte, bekam sie postwendend, als sie zuhause ankam. Erst konnte sie sich nicht erklären, was sich abspielte; das realisierte sie etwas später.

Als Milli die Haustür öffnete und in die Wohnung trat, sah sie über jeder Tür auf dem Rahmen eine Schlange. Überall waren Schlangen, auf

Schränken, unterm Sofa, auf dem Sessel, im Ausguss, unterm Toilettenschüsselrand, im Bidetrohr, überall und in jedem Zimmer.

Sie wusste genau, dass diese Schlangen nicht echt waren. Sie konnte sich jedoch alles Mögliche einreden und beten, sie gingen nicht weg.

Irgendwann bemerkte sie ein ganz sonderbares Gefühl im Bauch. Was war das? Irgendwas schlängelte sich drin rum! Das konnte nicht wahr sein!!!? Wieder versuchte sie es mit Beten und allem Möglichen, aber es hörte nicht auf.

Dann hatte sie ein Gefühl, als hätte sie Gummi in den Knochen und als hätte sie vor Monaten das letzte Mal gegessen. Sie war völlig leer, hatte permanent Hunger und wurde nicht satt. Sie bekam Fressanfälle, die nicht mehr aufhörten. Sie war immer leer und fast verhungert! Was war das nur???

Endlich begriff sie, dass es etwas mit der Drohung zu tun haben musste und dass die Schlangen für ihren ewigen Hunger verantwortlich waren. Sie überlegte, wie sie die Schlangen aus dem Bauch loswerden könnte, auch wenn sie nicht wirklich da waren. (?) Da hatte sie die Idee, kein Fleisch mehr zu essen, da sie wusste, dass Schlangen Fleisch fressen. Die Folge der fleischlosen Diät war, dass sie das Gefühl hatte, als ob die Viecher ihr den Hals hochkriechen würden. Trotz des Wissens, dass alles Humbug war, dass so etwas nicht möglich sein kann, bekam sie kaum Luft und fing an zu würgen. Sie beendete also die Diät und die Schlange ging wieder runter.

Eines Tages taute sie Fleisch aus der Kühltruhe für einen Braten auf. Im aufgetauten Zustand stellte es sich jedoch heraus, dass es Lendchen waren. Als sie in die Schüssel sah, lag eine Schlange darin. Diese bewegte sich plötzlich und sprang ihr aus der Schüssel fast entgegen. Mit einem gewaltigen Schreck in den Gliedern wusste sie doch: Das ist nicht echt! Es nützte aber nichts, dieses Tier wollte sie angreifen.

Sie entschied sich, die Mieterin um Hilfe zu bitten. Sie sollte ihr das Fleisch klein schneiden. Sie jonglierte die Schüssel auf Fingerspitzen die Treppen hoch. Die Frau war fast geschockt über Millis Zustand, die schrecklich ausgesehen haben muss. Milli kochte dann Geschnetzeltes, wohl wissend, dass sie keine Schlange in der Pfanne hatte! Trotzdem ekelten sich alle davor und niemand wollte davon essen.

Milli war total verzweifelt! Trotz allen Verstandes befand sie sich doch ohne Zweifel in einem Schlangennest. Was sollte sie tun? Da konnte wohl nur noch die Psychiatrie helfen, oder? Es half kein Argumentieren, kein Beten, auch nicht Bibellesen … Sie schämte sich furchtbar; sie war buchstäblich verrückt! Das war klar.

Durch die Fressanfälle war sie etliche Kilos schwerer, ewig leer und schwach, kaum fähig, etwas zu tun. In der Wohnung war sie nur noch mit einem Stock unterwegs. Damit schlug sie gegen die Schränke und Türrahmen, gegen die Toilettenschüssel, um die Schlangen zu vertreiben. Schließlich ging sie auch nicht mehr aufs WC, aus Angst, es könnte eine Schlange durchs Rohr kommen. Stattdessen benutzte sie das Bidet, indem sie vorher Papier in den Abfluss stopfte. Ungefähr vier Wochen lebte sie in diesem Schlangennest.

Dann erinnerte sich Milli an ihren Gemeindeleiter und seine Frau. Sie rief die beiden an und sie waren sofort bereit, einen Termin mit ihr auszumachen.

Im Gespräch mit ihnen war es Milli sehr peinlich zuzugeben, „bekloppt" zu sein, Halluzinationen von Schlangen in der Wohnung und im Bauch zu haben, zuzugeben, vom eigenen Vater und fremden Männern missbraucht worden zu sein.

Die beiden lachten sie aber nicht aus! Sie hatten Verständnis für ihre Situation und taten das einzig Richtige, sie beteten mit ihr und für sie. Sie weinten „zusammen um die Wette".

Als Milli wieder nachhause fuhr und in die Wohnung trat, bemerkte sie sofort: **Die Schlangen waren weg!!!**

Die Kohle

In seiner Barmherzigkeit deckte Gott Milli im Traum immer mal eine ihrer schlimmen Erfahrungen auf. So konnte sie diese nacherleben, sich mit dem Traum auseinandersetzen und sich vieles bewusst machen und verarbeiten. Diese nächtliche Verarbeitung fing immer mit einem Traum an.

Einmal lag sie wieder im Traum nackt auf dem Tisch. Um sie herum standen die Männer in Kutten. In einer Ecke stand ein Topf mit glühenden Kohlen. Sie spürte, wie Panik in ihr hochstieg, während die Männer hämisch lachten.

Mit einer Zange nahmen sie eine Kohle und fingen an, sie an ihre Scheide zu halten.

„Es hat so saumäßig wehgetan, dass ich wach wurde. Da ich aber zu Besuch war bei Leuten, konnte ich nicht schreien, es durfte keiner wach werden. Ich dachte: Du kannst es nur so machen wie damals. Mach den Mund auf und schrei, und lass dabei die Stimme weg. Du kannst schreien ohne Stimme.

Ich war wach, das war kein Traum mehr. Die Kohlen waren immer noch da, die Kerle waren immer noch da. Dann haben sie mir die Kohle noch an den Hintern gehalten und ich glaube noch an die Füße. Die hatten einen Spaß dabei! Nach dem Traum habe ich das immer noch erlebt."

Es war jedes Mal so, wenn Milli sich mit einem neuen Aspekt ihrer Vergangenheit auseinandersetzen sollte. Es fing mit einem Traum an, dann wurde sie wach, weil es entweder fürchterlich wehtat, oder es wurde heiß, kalt oder eklig …

„Dann wusste ich genau: Was jetzt hier passiert, ist nicht wirklich, du liegst ja im Bett. Diese Szenen haben mich überrumpelt und dann kam ich nicht mehr heraus, erst wenn ich fertig war mit den Nerven und mit der Welt. Oder ich konnte es nicht mehr aushalten, bin dann ohnmächtig geworden oder bin eingeschlafen. Wenn ich dann wach wurde mit kariertem Kopf, wahrscheinlich wie damals mit kariertem Kopf, habe ich die Welt nicht verstanden, habe ich mich nicht verstanden, wusste ich nicht was richtig war, welchen Tag wir hatten und mein Tagesablauf war sowieso dahin, sämtliche Pläne waren weg."

Das Bewusstwerden dieser nackten Tatsachen war für Milli ein Schock. Das Nacherleben mit allen Ängsten mutete Gott ihr zu, es war ein weiterer Schritt auf dem Heilungsweg.

Das Grab

Ein weiteres, ähnliches Traumerlebnis hatte sie erst vor fünf Monaten. Gott ließ das Bewusstwerden eines ihrer schlimmsten Erlebnisse zu. Eine Woche danach rief mich Milli an und erzählte mir davon. An ihrer Stimme und ihrer Erregung merkte ich, wie nahe ihr das alles noch ging.

Im Traum lag Milli in einem frisch ausgehobenen Grab. Aus dieser Perspektive sah sie oben den Rand des Grabes, darüber fünf Kerzen, später wurden es mehr, dann sah sie die Hände, die die Kerzen hielten und dahinter schwarze Kutten.

Sie fühlte, dass Erde auf sie fiel. Sie stellte fest, dass sie nackt war. Sie fühlte die Erde. Sie fühlte Würmer und „irgendwelche Krabbelviecher" auf der Haut, es war ganz eklig und widerlich. Als sie da lag und Erde auf sie fiel, dachte sie: Jetzt bist du tot, die schmeißen Erde auf dich!

Dann dachte sie weiter: Wenn du aber noch fühlen kannst und Lichter sehen kannst und denken kannst, dass du tot bist, dann bist du doch nicht tot!

Mit diesen Gedanken einer ca. 8-Jährigen im Grab wurde sie wach.

Aus dem Traum erwacht, fühlte Milli die Erde und das Krabbeln auf ihrer Haut noch einige Tage lang. Der Traum, oder besser gesagt das Bewusstwerden dieser Ereignisse beeinflusste sie im Alltag noch ein paar Tage. Sie war verstört, fertig, „neben der Spur und kriegte nichts mehr auf die Reihe". Schließlich hatte sie ja auch erst vor einigen Tagen als Kind in einem Grab gelegen.

Das Fazit für Milli aus dieser Geschichte: Sie hätte zum tausendsten Mal tot sein müssen. Da sie aber noch fühlen, sehen und denken konnte, war sie nicht tot.

Dinge, die sie früher für irre gehalten hatte, hatten nun Hand und Fuß bekommen.

Dieses jahrelange unerklärliche, komische Krabbeln und Empfinden auf der Haut konnte sie nun endlich einordnen und sich einmal mehr klarmachen, dass sie nicht irre war.

„Die Tatsache, dass ein Kind splitterfasernackt in ein gerade ausgehobenes Grab geschmissen wird, nachdem es vorher tausendmal gefoltert wurde – das hat mich umgehauen, da ist man doch fassungslos, oder? Was machen die?"

Christliches Trauerseminar

1996 hatte Milli die Möglichkeit, eine Woche lang ein Trauerseminar bei einer De'Ignis-Therapeutin zu besuchen.

Bei ihren zwei Tot- und vielen Fehlgeburten – insgesamt hatte sie elf Schwangerschaften –, hatte Milli nie so richtig trauern können. Der Alltag ließ es nie zu, sie musste sofort „zur Tagesordnung" übergehen.

„Du kannst froh sein, dass das Kind tot ist", hieß es dann immer.

An einem Tag während des Seminars sollten sich die Teilnehmer hinlegen und zu leiser Musik die Augen schließen. Sie sollten sich vorstellen, sie wären mit einem Schiff auf dem Weg zu einer Insel, auf der sich ihre toten Verwandten befänden.

Da die beiden Söhne Millis Zwillingsgeschwister hatten, die zu Beginn der Schwangerschaft jedoch abgestorben waren, nahm sie die beiden Jungen in Gedanken mit zur Insel.

So erlebte sie Folgendes: Von weitem schon sahen sie eine Reihe Kinder wie die Orgelpfeifen am Strand stehen. Dort angekommen liefen die Jungs zielstrebig zu ihren Zwillingsbrüdern. Der Große lief zu dem größten Jungen, der ein Lexikon in der Hand hatte. Gleich nach der Begrüßung rannten die beiden in den Wald und suchten Pflanzen und Tiere. Der zweite Sohn lief zu dem vierten Kind, das einen Fußball hatte, dann spielten sie miteinander.

Die anderen Kinder umringten Milli und zeigten ihr die Insel, aber nicht nur den Strand, Wald und Wiese, sie führten Milli an die schönste Stelle. Dort war ein Wasserfall mit einem See davor, umringt von herrlichsten bunten Pflanzen. Wie im Paradies!

Die Kinder waren fröhlich und sie hatte nicht genug Hände, um sie alle an der Hand zu halten, sie zu drücken und auf den Arm zu nehmen.

„Mama, guck mal hier ... Mama, ich muss dir auch was zeigen ... Mama, guck mal da ...", riefen sie ihr begeistert zu. Sie liefen weg und kamen wieder. Die beiden Jungen waren mit ihren Brüdern unterwegs.

Sie hielten sich lange an dem See auf, die Kinder waren glücklich und berichteten, sie würden jeden Tag in dem See baden.

„Wer passt eigentlich auf euch auf?" wollte Milli wissen.

„Ja, Mama, siehst du ihn denn nicht?" bekam sie eine etwas vorwurfsvolle Antwort. „Guck mal auf den See!" und sie zeigten auf die Mitte des Sees. Tatsächlich, mitten auf dem See stand eine übergroße, weiße Gestalt. Es war Jesus. Mit gütiger Stimme beruhigte er sie: „Du brauchst dir keine Sorgen zu machen, ich passe auf sie auf!"

Plötzlich fiel ihr ein, dass sie noch mehr tote Verwandte hatte. „Aber Jesus, was ist mit meinem Vater, der muss doch auch hier sein?" Milli hatte große Angst, dass ihr Vater diese Kinder nun auch missbrauchen könnte.

Aber Jesus zeigte mit den Händen auf einen etwas entfernten Zaun. Hinter diesem Zaun stand ihr Vater. Er sah zu ihnen herüber und schien traurig zu sein. „Er ist hinter dem Zaun und kann überhaupt nicht hierher", versicherte ihr Jesus. Bald darauf mussten sie sich verabschieden; das Schiff musste wieder zurück.

Dieses Erlebnis war für Milli sehr wichtig. Sie wusste nun, dass ihre Kinder dort bei Jesus sicher, glücklich und geborgen waren – am schönsten Platz der Welt!

Die Macht der Vergebung

Milli hatte „es irgendwann mal im Kopf", dass andere Menschen wahrscheinlich auch „was abgekriegt" haben könnten von „den Sachen" aus ihrer Vergangenheit, dass andere ebenfalls in Mitleidenschaft gezogen worden waren. In der Annahme, dass diese Menschen Gott nicht kennen, überlegte sie, wie man diesen Leuten helfen könnte.

Sie wusste nicht, ob sie als älteste Tochter für ihren Vater eintreten dürfe. Sie tat es jedoch ganz einfach und betete zu Gott. Sie bat Gott stellvertretend für ihren Vater um Vergebung für die Tatsachen und Sünden, die damals passiert waren. Und sie bat Gott, dass er Dinge heilen möge bei den Leuten, die sie nicht kennt, sowohl bei Tätern als auch Opfern

Sie hatte das so im Herzen, „dass diese Leute irgendwie in die Puschen kommen", weil es ihr auch „total dreckig ging". Sie wollte, dass etwas in Ordnung kommt.

Zwei Wochen später nahm sie bei ihrer kleinsten Schwester, (die aber auch ihr erstes Kind sein könnte) eine große Veränderung wahr. Sie war selbstbewusster, hatte Pläne, und es gelang ihr, mit Zielstrebigkeit in ihrem Beruf einen Arbeitsplatz zu finden.

Jeder konnte feststellen, dass mit ihr deutlich etwas passiert war, aber keiner wusste, was los war. Selbst Milli hatte zuerst keine Erklärung, bis ihr dann ihr Gebet einfiel.

Sie erkannte, dass Gott ihr Gebet wohl erhört hatte und für ihre Schwester Gnade und Veränderung geschenkt hatte.

Nein, du musst nicht mehr hinter den Zaun!

Dieses Erlebnis mit Jesus, etwa im März 2011, ist wohl das jüngste von allen, die Milli hatte.

Wieder einmal hatte sie schlimme Probleme im Unterleib und Genitalbereich. Sie erinnerte sich, dass ihre seelsorgerlichen Fürbitter sie angewiesen hatten, ihre Probleme und Schwierigkeiten zu Jesus zu bringen. Also überlegte sie: Was ist es denn gerade? Woher kommt es? Was fühlte sie jetzt, beziehungsweise die Milli von damals? Wie alt ist sie eigentlich gerade?

Sie war ca. drei Jahre alt und sie war schmutzig. Alles juckte und brannte da unten und tat weh, innen und außen.

So versetzte sie sich in die 3-jährige Milli und ging zu Jesus.

„Du, Jesus!? Die Leute haben mir gesagt, wenn wieder was ist, soll ich zu dir kommen. So, und das mach ich jetzt! Ich bin ganz schmutzig da unten. Es juckt und tut weh, auch innen. Ich kriege den Dreck mit nix weg. Aber wenn du mich wäschst, werde ich vielleicht sauber. Kannst du das machen?"

Jesus sah Milli freundlich an, nahm ihre Hand und sagte: „Dann müssen wir mal zu dem See mit dem Lebenswasser gehen. Dort wirst du sauber."

Also gingen sie los und waren auch schon gleich an dem See mit dem Wasserfall mit der schönen Botanik wie im Paradies, an dem Ort, an dem Milli schon einmal war.

Milli musste husten und in der Lunge quietschte es mal wieder. Sie fragte Jesus:

„Du, Jesus, wenn du mich da unten saubermachen kannst, kannst du das auch mit meiner Lunge machen? Ich krieg doch immer mal wieder so schlecht Luft. Und das kommt nicht von dem Fruchtwasser, wie sie früher immer gesagt haben, sondern von diesem Zeug aus dem Ding, was sie mir in den Mund gesteckt haben. Wenn du das Zeug rauswäschst, krieg ich wieder Luft und muss nicht mehr husten, oder?"

Jesus sagte: „Da musst du erst mit deinem Opa reden."

„Aber wie soll ich das machen, der ist doch tot! Was soll ich ihm denn sagen? Und warum soll ich mit Opa reden?"

„Komm", Jesus nahm sie an die Hand, „ich bring dich zu ihm". Da sah Milli den Zaun, den sie schon mal gesehen hatte. Ihr Vater stand immer noch an der gleichen Stelle. Er war ganz traurig, vielleicht weinte er?

Jesus machte ein Tor auf, das auf einmal in dem Zaun war. Sie beachteten ihren Vater nicht, als sie an ihm vorbeigingen.

Hinter einem Hügel kam plötzlich ihr Opa hervor, mit dem Spazierstock, so wie sie ihn kannte. Sonderbar war nur, dass er hinkte, das hatte er früher nicht getan.

Sie gingen zu ihm: „Du, Opa, du hast da was falsch gemacht und gesagt! Opa, das war keine Milch, die kann man nicht trinken, und das Ding darf man auch nicht in den Mund stecken!" Mehrfach wiederholte Milli vorwurfsvoll immer das Gleiche.

Opa aber drehte sich einfach nur um und ging weg. Sie konnte sich nicht mit ihm unterhalten, er hatte nicht geantwortet.

Jesus nahm Milli auf den Arm und ging mit ihr zum Tor. Jetzt erst nahm sie ihren Vater so richtig wahr. Sie wollte zu ihm, in seine Arme, er fehlte ihr so. Sie fragte Jesus, ob sie das dürfe und er erlaubte es.

Also ging sie hin und fragte ihren Papa, ob er sie mal in den Arm nehmen würde.

„Das geht nicht", meinte er, „ich bin viel zu schmutzig!"

„Aber Papa, ich bin doch auch so schmutzig und es ist doch der gleiche Dreck wie deiner!"

Nun nahm Papa sie doch in den Arm und Milli erzählte ihm, dass Jesus sie saubermachen wolle. Papa entschuldigte sich für alle die Dinge, durch die sie dreckig geworden waren. Er nannte sie alle beim Namen.

Dann sagte er: „Ich bin sehr stolz auf dich, Milli. Wenn ich damals an deiner Stelle auf dem Tisch gelegen hätte und du wärst an meiner Stelle gewesen, ich weiß genau, du hättest alles getan, um zu verhindern, dass sie mir wehtun. Du hättest geschlagen, gebissen, getreten und gekratzt. Und das schon mit deinen drei Jahren. Aber ich habe wie ein Depp dagestanden, hatte Angst vor den anderen und habe alles zugelassen. Du kannst dir nicht vorstellen, wie sehr es mir leid tut, wie ich bereue. Ich war so ein Schlappschwanz ..."

Dann fragte er Jesus: „Kann ich vielleicht helfen, wenn du Milli sauber machst? Schließlich bin ich ja auch schuld an ihrem Dreck".

Jesus erlaubte es. So gingen sie Hand in Hand, Milli zwischen Jesus und ihrem Papa, durch den Zaun zum See.

Papa und Milli setzten sich dann in den Kies am Ufer. Er nahm sie auf den Schoß. Sie trauten sich nicht in das „heilige Wasser" hinein, sie waren doch so schrecklich schmutzig!

Aber dann waren sie irgendwie doch im Wasser. Im seichten Wasser goss Millis Papa immer wieder mit der Hand Wasser über sie. Dabei beantwortete er ihr viele Fragen und weinte manchmal dabei. Sie fühlte sich so geborgen, wie fast noch nie in ihrem Leben.

Sie sanken immer tiefer ins Wasser. Selbst ein Meter unter Wasser konnten sie noch sprechen und hatten keine Probleme beim Atmen. Ihre Kleidung löste sich allmählich auf. Ganz tief unten waren beide nackt. Ihr Papa bemerkte einen Blick von ihr auf sein „Ding", machte eine abwehrende Handbewegung und schüttelte den Kopf: „Nein, Milli, das Ding geht dich nichts an! Das ist meins und du bist meine Tochter! Das sind zwei verschiedene Dinge! Mit meinem Ding hast du nichts zu tun! Ich bin dein Papa und du bist meine Tochter! Sonst nix! Ich habe dich lieb wie ein Vater. Sonst nix."

Danach kamen sie wieder an die Oberfläche und saßen wieder wie vorher im Kies, aber ohne Kleidung. Und beide waren sauber!

Jesus wartete dort auf die beiden und sagte zu ihrem Papa: „Dort habe ich dir neue saubere Kleidung hingelegt. Zieh du dich an und ich ziehe deine Tochter an."

Milli bekam ein richtig süßes, weißes Kleidchen, mit breiten goldenen Stickereiborten um Hals, Ärmel und Saum.

Dann unterhielten sie sich noch eine Weile über diese Leute von damals.

Ihr Papa bestätigte ihren Verdacht**, dass es sich um Leute mit großem Ansehen und viel Einfluss gehandelt hatte. Er bestätigte, dass sie auch heute noch ihr Unwesen treiben und immer wieder neue Leute dazu finden. Alle drei waren sich einig, dass es aufhören muss!**

Plötzlich sah sie, dass hinter dem Zaun ihr Opa stand. Er war so wütend, wie sie ihn vorher noch nie gesehen hatte. Er fuchtelte wild mit seinem Stock in der Luft herum, schrie irgendwelches „Zeug", was sie jedoch durch die Entfernung nicht verstehen konnten. Milli begriff nichts, wohl aber Papa und Jesus.

Dann tauchte ihre Oma hinter dem Hügel auf, versuchte ihn zu beschwichtigen und brachte ihn dazu, mit ihr wieder hinter dem Hügel zu verschwinden.

Oma da drüben? Milli verstand nichts, wohl aber die Beiden, und sie erklärten ihr, dass ihr

Papa in diese Familie hineingeheiratet hatte, wo diese eigenartigen Rituale gemacht wurden. Die Familie gehörte zu dieser Gruppe …

Es wurde Zeit sich zu verabschieden. Sie waren sehr traurig.

Ihr Papa erzählte ihr noch, dass er manchmal ihre Kinder hier am Wasser spielen und herumspringen sah. Deshalb stand er immer hinter dem Zaun an gleicher Stelle und guckte zu.

Nach dem Abschied bedankte sich Millis Papa bei Jesus für diese letzten Stunden und ging wie selbstverständlich in Richtung Zaun.

Aber Jesus sagte: „Nein, du brauchst nicht mehr hinter den Zaun zu gehen! Du kannst gar nicht mehr dahin. Du bist jetzt absolut sauber. Ab sofort gehörst du auf diese Seite des Zaunes. Du wirst nie mehr solche schlimmen Dinge mit Kindern machen! Du kannst nun deinen Enkeln, die hier sind, ein liebevoller Opa sein."

Und zu Milli gewandt versicherte Jesus, dass sie sich diesbezüglich keine Sorgen mehr machen müsse. Ihr Papa sei jetzt sauber und würde es auch bleiben.

Milli war glücklich, er war nun auf dieser Seite! Alles war gut. Zu gerne wäre sie noch bei ihm geblieben, aber das ging nicht. Jesus nahm sie in den Arm.

Dann war Milli wieder erwachsen, sie saß auf ihrem Sofa. Schmerzen, Jucken und Brennen da unten waren weg.

Aber ihr Herz tat unendlich weh, oder war sie glücklich? Sie merkte, wie sehr ihr der Papa immer gefehlt hatte! Und ihre Kinder! Aber es tröstete sie, dass es ihnen supergut ging im Paradies! Weinend schlief sie ein.

Der Feind aus geistlicher Sicht

Das rote Tuch und das Strohmännchen

Eines Tages fand Milli in ihrer Wohnung auf dem Spülkasten in der Toilette ein rotes Tuch. Das lag einfach da. Keiner wusste, woher es kam, wem es gehörte. Das Tuch hatte einen ekligen Gestank an sich, war aber aus einem guten Stoff.

Milli steckte das Tuch in eine Tüte, und entschied sich, es als etwaiges Beweisstück für den täglichen Terror aufzuheben. So kam das Tuch mit jedem Umzug mit in die neue Wohnung und lag vier bis fünf Jahre in irgendeiner Kiste herum.

Als sie es durch Zufall wiederfand, beschloss sie, mit einer Gebetspartnerin dieses mysteriöse Tuch zu verbrennen. Draußen im Freien in einer Blechtonne starteten sie dieses Unterfangen.

Es war leichter gesagt als getan. Dieses Tuch wollte einfach nicht Feuer fangen, geschweige denn verbrennen. Die Flammen loderten nur kurz auf und erstickten sofort wieder. Sie verbrauchten die halbe Papiertonne, um immer wieder neu Feuer zu machen. Irgendwann, nach etlichen Versuchen und geraumer Zeit, sprach Milli dann ein Machtwort:

„So Jesus, und jetzt in Deinem Namen …!" Das Tuch verbrannte dann endlich.

Milli ist sich nicht sicher, ob das Vernichten dieses Tuches eine Auswirkung auf ihr Leben im Alltag hatte, weil sie den genauen Zeitpunkt der Verbrennung nicht mehr weiß.

Für mich steht fest, dass das Verbrennen des roten Tuchs auf jeden Fall eine geistliche Auswirkung gehabt haben muss, dass sie in irgendeinem Lebensbereich neue Freiheiten erlebte, die sie vielleicht gar nicht wahrgenommen hat.

Auch das Strohmännchen mit der Nadel im Bauch, das einmal an Millis Haustür hing, nahm sie in die Wohnung und hob es ebenfalls lange Zeit in einer Schublade auf. Damals wusste Milli noch nicht mit „solchen Dingen" umzugehen. Mittlerweile ist dieses Strohmännchen abhanden gekommen, durch die vielen Umzüge verschwunden.

Dass diese Leute, die Milli das Leben schwer machen, mit Flüchen und Zaubereien zugange sind, beweist, wie ernst die Lage ist und verstärkt die Annahme, dass es Satanisten, Hexer oder Voodoo-Zauberer sind.

Aber dagegen steht Jesu Blut und Sieg am Kreuz!

In Seinem Namen haben wir Autorität, Flüche zu brechen, in die geistliche Welt hineinzusprechen, Dinge zu binden und zu lösen. Wir haben geistliche Waffen, die wir anwenden müssen!

Die Macht des Gebets, gepaart mit Gottes Offenbarung, führt zum Sieg!

Dann wäre da noch die Sache mit dem Ring – eine Vision?

Dieser Traum, den Milli auch vor nicht langer Zeit hatte, lässt sich etwas schwerer einordnen.

Er könnte eine Offenbarung Gottes darüber sein, wie Milli endgültig in Freiheit käme und ein Hinweis auf ihre Berufung. Oder er ist einfach nur ein Wunschtraum?

Im Traum hatten diese Männer mit den Kapuzen Milli als erwachsene Frau auf einer Wiese in der Mangel. Sie hatten sie ausgezogen und ihr einen dicken, großen, metallenen Ring von der Scheide durch den Darm gesteckt und geschlossen. Daran hingen Ketten, die an einem Betonklotz festgemacht waren.

Während Milli „am Verbluten war", kamen Leute vorbei und wollten sie befreien. Sie versuchten es mit verschiedenen Werkzeugen und mit Beten, aber sie schafften es nicht.

In der Nähe war ein „Puff-Besitzer", der plötzlich auftauchte, aber er konnte auch nichts machen. Und alle dachten, sie würde verbluten.

Doch Milli wusste, dass er den Ring öffnen könnte, und gleichzeitig hatte der Puff-Besitzer auch diesen Gedanken, dass er den Ring doch aufmachen könne.

Obwohl er kein Christ war, legte er die Hand auf den Ring und sagte: „Im Namen Jesu gehst du auf!" und der Ring ging auf und Milli war frei. Er wusste hinterher nicht, was das war, und was sich gerade abgespielt hatte. Die ganze Sache bewegte ihn doch so sehr, dass er schließlich zum Glauben kam.

Dann nahm er Milli mit in sein Bordell und beide wollten den Frauen helfen, die willig waren, aus dem Gewerbe auszusteigen. Er hatte mehrere Häuser und überall gründeten sie so etwas wie einen Hauskreis, missionierten und kümmerten sich um diese Frauen.

Nur der Bordellbesitzer hatte die Autorität, den Ring zu öffnen, kein anderer und auch kein Gemeindeleiter hatte es geschafft.

Dieser Traum ist anders als die anderen. Es ist kein aufdeckender Traum aus der Vergangenheit, der verarbeitet werden wollte. Milli wurde auch nicht wach wegen irgendwelcher körperlichen Empfindungen. Und sie war erwachsen im Traum.

Ich denke, dass dieser Traum „bald" wahr werden wird, dass Gott in Seiner Weisheit und Fürsorge Milli dem Richtigen begegnen lässt, der die Autorität hat, sie seelisch und geistlich endgültig zu befreien, so dass sie in ihre Berufung kommen kann.

Das, was im geistlichen Bereich frei wird und in Ordnung gebracht wird, hat auf alle Fälle Auswirkungen in unserem Alltag, in unserem Leben.

Nachwort

Während ich dieses Buch schrieb, hatte Milli zweimal einen depressiven Zustand. Mehr als einmal hat sie in all den Jahren überlegt, wie sie ihrem Leben ein Ende machen könnte. Einmal, als sie sich alles zurechtgelegt hatte und es tun wollte, sprach Gott in ihre Gedanken: Dann haben diese Leute erreicht, was sie wollten!

Milli erkennt auch, dass es immer wieder „etwas anderes" ist, was sie daran hindert, ihrem Leben ein Ende zu machen.

Was Milli sich sehnlichst wünscht, ist einfach nur ein normales Leben, ohne Terror, ohne dass andere ihr das Leben schwer machen,

- dass sie ihre Post bekommt, ohne dass diese abgefangen wird oder tagelange Verspätung hat, dass sie ein Konto ohne Probleme führen kann,

- dass sie ungehindert eine Wohnung finden kann,

- dass auf Ämtern ihre Anträge nicht mehr verschwinden,

- dass ihr Auto nicht mehr manipuliert wird,

- dass in ihre Wohnung nicht mehr eingedrungen werden kann,

- dass sie Anzeigen bei der Polizei machen kann, die auch ernst genommen werden,

- dass sie nicht mehr ums Überleben kämpfen muss,

- dass sie sicher sein kann, dass ihre Telefonate nicht abgehört werden, dass … dass …

Milli hat einen Minijob und ist auf Hartz IV angewiesen, es geht ihr finanziell sehr schlecht.

Ich habe große Achtung vor Milli, dass sie trotz aller Probleme und Schwierigkeiten „sauber" geblieben ist, eine ehrliche Haut. Sie ist bescheiden und versucht, so gut es geht, ihre Schulden abzutragen, die sie an mehreren Ecken hat.

Sie nimmt keine Drogen oder Alkohol, dafür raucht sie aber und hat noch kein gesundes oder normales Körperempfinden. Ihr Essverhalten ist gestört und sicher oft ein Ventil für innere Spannungen und Prozesse. Wenn sie keine „Fressattacken" hat, kann sie ganz lange nichts essen und nichts trinken.

Für Milli kommen nicht viele Arbeiten in Frage, das ist ärztlich bescheinigt. Zurzeit fährt sie nachts Zeitungen und Zeitschriften für die Zusteller aus. Arbeiten, die sie nachts erledigen kann, kommen Millis Rhythmus eher entgegen.

Seit ihrem Missbrauch ist ihr Nachtschlaf gestört. Sie wird immer um eine bestimmte Uhrzeit wach und kann nicht mehr schlafen. Wahrscheinlich war es um die Zeit, als sie die Männer immer holten. Dabei hatten sie ein ganz bestimmtes Klopfen an der Tür der Oma. Die Oma gab ihnen dann das Kind und Milli wurde höchstwahrscheinlich auf den Dachboden gebracht. Heute noch, wenn sie so ein Klopfen hört, bekommt Milli Herzklopfen und Ängste.

Sie erinnert sich, dass ihre Kusine ihr mal erzählte, dass die Treppe zum Dachboden für die Kinder absolut verboten war, und dass sie bei dem Gedanken an den Dachboden ein schlechtes Gefühl hatte. Die Kusine muss wohl einmal vor der Treppe gestanden haben und seitdem nie wieder, sie weigerte sich als Kind, wieder in das Haus zu gehen.

Milli hat gute Kontakte zu ihren Kindern.

Sie ist überdurchschnittlich intelligent, musikalisch und kreativ. Sie kann Akkordeon spielen und sie malt gern nach Gebet.

In Milli steckt viel mehr, als der erste Eindruck so vermittelt. Vor allem ist sie einfühlsam und hat ein großes Herz, eine gute Kombinationsgabe und die Fähigkeit, Dinge zu erfassen und zu durchschauen.

Sie weiß auch, dass, wenn sie plötzlich keine Probleme mehr hätte, ihr Leben langweilig und wahrscheinlich gar nicht auszuhalten wäre.

Es gibt immer einen Ausweg

Wie alle Missbrauchsopfer hat auch Milli falsche, negative Glaubensgrundsätze. Einige davon sind schon entlarvt und abgelegt.

Vor einigen Tagen erst entdeckte sie einen weiteren destruktiven Glaubenssatz bei sich, das heißt es wurde ihr mit Macht bewusst, dass sie ihr Leben lang nach dem Leitsatz „es gibt keinen Ausweg" gelebt hatte.

Obwohl Milli schon oft die Erfahrung machen durfte, dass Gott immer einen Ausweg für sie hatte, sitzt dieser Glaubenssatz doch ganz tief in ihr und hat ihre Gedanken und Gefühle, ihren Alltag und ihr Leben bestimmt, bis hin zu den Selbstmordgedanken.

Milli hatte als Kind tatsächlich keinen Ausweg, als zu verdrängen und abzuspalten. Sie war alleine, keiner war da, der hinter ihr stand und ihr bestätigte, dass ihr Unrecht getan wurde, dass diese Männer das nicht tun durften mit ihr, und dass sie nicht schuld war.

Doch jetzt, da ihr dieser „Glaubenssatz" nun bewusst ist und entlarvt wurde, kann sie ihn ablegen und den neuen Satz: „Es gibt immer einen Ausweg" verinnerlichen und trainieren.

Wie es meistens bei der Erbsünde ist, wurden Millis Töchter beide ebenfalls im Kindesalter von fremden Männern missbraucht. Sie trugen jedoch keinen schwerwiegenden Schaden davon, weil Milli sich von Anfang an darum kümmerte. Sie sorgte dafür, dass es aufgedeckt wurde und gab ihren Töchtern das Gefühl, dass sie richtig seien und keinesfalls schuldig. Sie haben dadurch keinen so tiefsitzenden, destruktiven Glaubenssatz verinnerlicht, der sie negativ beeinflussen kann.

Dieser Glaubenssatz könnte auch der Grund dafür gewesen sein, wieso Milli es bis heute nicht geschafft hat, die „Höhle des Löwen" bzw. ihr altes Umfeld zu verlassen, um in eine ganz andere Gegend umzuziehen. Sie sah keinen Ausweg bis jetzt.

Aufgrund dieser entlarvten Lüge wird sich Millis Leben wieder ein Stückchen verändern und für sie ganz subjektiv leichter werden.

Wie so vielen Opfern geht es auch Milli so, dass sie ihre eigene Geschichte manchmal immer noch nicht glauben kann. Der Verdrängungsmechanismus, der sie über all die Jahre geschützt hat, kommt öfter noch durch und Zweifel machen sich breit. Milli ist es wichtig, dass Betroffene das wissen, wenn sie dieses Buch lesen und es ihnen ähnlich gehen sollte.

Ich bin dankbar, dass ich zunehmend mehr begreife, wie souverän Gott ist, dass Er einfach anders ist und in kein Schema passt!

Er rüttelt manchmal an meinem theologischen Verständnis, an meinen Glaubensgrundsätzen. Er hat mich gelehrt, dass Er keine Tradition ist, und dass ich so einiges vergessen muss, was mir in Sachen Glauben beigebracht wurde.

Ich habe nach langer Zeit begriffen, wie wichtig IHM meine Beziehung zu Ihm ist.

Bei diesen Gedanken über die unbegreifliche und unerforschliche Größe Gottes kommen Freude, Freiheit und Dankbarkeit in mein Herz.

Diese Gedanken habe ich immer wieder, wenn ich Millis Leben anschaue. Ich habe den Eindruck, dass Gott bei ihr immer „Ausnahmen" macht, und es tut so gut, sich in Gedanken und innerlich darauf einzulassen.

Es tut so gut, diesem großen Gott und dem Heiligen Geist nicht nur, bevor er was tun soll, sondern auch noch im Nachhinein „zu erlauben", es getan zu haben, IHM erlauben, aktiv zu werden und zu handeln, und zwar so, wie es IHM gefällt.

Wer in einer ähnlichen Situation wie Milli ist und Hilfe sucht, kann sich z. B. an die vielen kompetenten christlichen Seelsorger, Berater, Therapeuten und Kliniken wenden, oder an Healingrooms http://www.healingrooms.de/

Und Jesus selbst ist immer nur ein Gebet weit von dir entfernt!

Für den Fall, dass jemand für Milli eine Nachricht haben sollte, gebe ich hier folgende E-Mail an: lindaprinz-milli@gmx.de

Teil II

Der Umzug 102
Umschulung und Alltagstherapie 107
Herr P. und Mister M. 112
Die Ketten fallen 115
Namen tauchen auf 117
Immer wieder Flashbacks 118
Dieses Auto! Sieg und Befreiung! 121
Milli, Jolante und Friederike 125
Ein neues Leben in Berlin? – Der Auftrag 129
Zum Schluss noch der dickste Brocken 132
Sie haben mir immer das Liebste genommen ... 136
Mirko 138
Millis Lied für Mirko 142
Geistl. Prinzipien u. das Satanische Netzwerk ... 155
Anmerkungen aus meiner Sicht 169
Milli hat das letzte Wort 176

Ein Jahr Pause…………………………………………..182

Nachwort 2…………………………………………...186

Liednoten, Millis Lied für Mirko………………..189

Quellennachweis……………………………………….190

Die Zeitspanne zwischen Teil I und Teil II beträgt ein gutes Jahr.

Das, was in dieser Zeit in Millis Leben passiert ist, ist von so großer Bedeutung, dass es unbedingt noch zu Papier gebracht werden muss.

Milli selbst ist der zweite Teil sehr wichtig, da es Dinge und Abläufe gibt, bei denen sich andere, ähnlich Betroffene wiederfinden könnten.

Wenn im ersten Teil hauptsächlich Milli zu Wort gekommen ist, so wird der zweite Teil größtenteils eine Schilderung aus meiner ganz subjektiven Sicht sein.

Der Umzug

Ich habe Milli neun Monate lang „hautnah" erlebt und begleitet, nachdem sie es dann doch geschafft hat, im Sommer 2011 umzuziehen. Sie zog in meine Nähe.

Noch vor dem Umzug hatte Milli Suizidgedanken, aber sie gab sich noch eine Chance: „Ich probiere es noch einmal anderswo und wenn es nicht geht, kann ich mich immer noch umbringen." Sie wollte nichts mehr mit Menschen zu tun haben. Sie ist sicher, sie wäre jetzt nicht mehr am Leben.

Damals fuhr sie nachts Zeitungen und Brötchen aus. Sie erlebte jedoch, dass ihre Arbeit untergraben wurde. Stapel von Zeitungen wurden geklaut oder aufgerissen; das, was fehlte, wurde ihr dann vom Lohn abgezogen.

Brötchentüten wurden aufgerissen, es fehlten Brötchen, oder sie lagen irgendwo im Garten herum. Es gab Beschwerden und Reklamationen von Seiten der Kunden trotz Millis Kontrollfahrten. Nach ihren Touren fuhr sie nämlich öfter nochmal alles ab, um zu gucken, ob alles stimmte.

Sie muss Beobachter gehabt haben, die es verstanden, ihre ganze Arbeit zu vernichten, hauptsächlich so, dass Milli auf keinen Fall glaubwürdig und zuverlässig wirken sollte.

Mit diesen Versuchen, sich etwas Geld zu verdienen, erreichte Milli jedoch nur eins, nämlich noch mehr Schulden aufzuhäufen und zwar diesmal bei einer Tankstelle. Sie erkannte nicht, dass gerade das Brötchen-Ausfahren ein Minusgeschäft war. Oder aber, sie erkannte es und machte trotzdem weiter, bis sie ca. 700 Euro Schulden bei der Tankstelle hatte. Diese Schulden hat sie heute noch.

Die Folge davon, dass sie nun Geld „verdiente", war eine entsprechende Kürzung des Geldes vom Amt, da bleibt von Hartz IV nicht viel übrig, und auch das kam nicht pünktlich, nicht in voller Höhe und ganz willkürlich. (Auf manchen Ämtern gibt es solche Missstände). Zudem hatte sie zu Ende Juli die Wohnung gekündigt, da ein anderer Job in Sicht war, dieser dann jedoch kurzfristig abgesagt wurde.

Also trugen mehrere Faktoren zu ihrem Entschluss bei, einen Umzug zu wagen. Es war ein sehr mutiger und wichtiger Schritt – eigentlich war es das Beste, was ihr damals passieren konnte. Mutig war es, weil sie außer mir und meiner Familie niemanden näher kannte, bis auf Einzelne aus unserer Gemeinde.

Wichtig war es, weil die räumliche Veränderung, Trennung und Entfernung, auch wenn es keine 150 km waren, Voraussetzung für die „kostenlose Alltagstherapie" war, die dann sehr bald begann.

Noch vor dem Umzug gelang es uns auf wundersame Weise, für Milli die geeignete Wohnung zu sichern. Als wir uns bei einer Wohnungsgesellschaft erkundigten, wurde uns die einzige Wohnung genannt, die für Milli in Frage kam, mit dem Vermerk, dass schon ganz viele sich die Wohnung ansehen wollten.

Entmutigt und hoffnungslos fuhren wir doch noch zu der Wohnung und trafen die „Noch"-Mieterin an, die uns die Wohnung zeigte und ihre Vorzüge hervorhob. Ganz nebenbei erfuhren wir, dass vor uns noch keiner zur Besichtigung dagewesen war, dass wir die Ersten seien. Milli reagierte sofort.

Für mich war das schon ein kleines Wunder; sie konnte die einzige passende, freie Wohnung zu der Zeit für sich reservieren, die fürs Sozialamt bezahlbar war. Die Wohnung war trocken, nicht zu klein, warm, ebenerdig, stadtnah mit guter Busverbindung vor der Haustür; in der Nähe gab es einen Supermarkt und eine Bank.

Wir hatten sogar vor dem Umzug Zeit genug, die Wohnung zu tapezieren, d. h. mir fiel diese ehrenvolle Aufgabe zu, weil Milli sich nicht zutraute, auf die Leiter zu steigen. So klebte ich in zwei Zimmern, in der Küche und im kleinen Flur Bahn für Bahn an die Wände. Milli ging mir zur Hand, kleisterte und bürstete und mein Mann half einmal mit.

Bei dieser Aktion, die einige Tage dauerte, merkte ich zum ersten Mal, was es bedeutet, dass Milli keinen kannte, außer mir ...

Meine Sorgfalt mit der Wasserwaage und unsere Überlegungen, die Wände möglichst schön zu gestalten, erwiesen sich dann leider bald als überflüssig, spätestens dann, als fast alle Wände zugestellt waren.

Millis Umzug war ein Meisterakt, ich vermute, wie die vorhergehenden auch. Er kostete viel Kraft, Zeit und Nerven, aber wenig Geld. Milli hatte nicht viel Hilfe bei dem Umzug, sie war leider auf männliche Hilfe angewiesen, die aber schwer zu finden war. Der Plan war, dass Bekannte ihr dort helfen sollten beim Verladen ihrer Habe und andere Bekannte aus der Gemeinde hier dann beim Abladen helfen sollten.

Der Plan war eine Sache, die Realität war eine andere!

Letztendlich fuhr sie dann einmal mit einem großen Hänger, zweimal mit einem kleinen Hänger, und immer, wenn es sich ergab, mit vollem Auto, bis alles hier war, was mit sollte.

Wir sind meinem Mann dankbar, dass er uns zwei Frauen bei dem großen Hänger half, die schweren Teile in die Wohnung zu bringen. Wir mühten uns ab, schleppten, zerrten, keuchten, schwitzten und meine Arme wurden immer länger und länger ...

Es ist leider oft so, auch in christlichen Kreisen, dass keiner da ist, wenn man dringend jemanden zum Anpacken braucht!!!

Ich staunte nicht wenig und wunderte mich, was Milli alles mitbrachte! Es gab eine Menge von Kisten und Regalen, vieles, was in meinen Augen nur Ballast und unwichtig war, aber für Milli eine Bedeutung hatte. Sie kann so schnell nichts wegwerfen und man könnte alles noch mal gebrauchen. Mit ihrem Umzug brachte sie auch ihr Chaos wieder mit, aber in einer etwas anderen Form.

Letztendlich hat Milli es geschafft, über diese neun Monate hinweg ihre Wohnung einigermaßen übersichtlich zu halten. Immer wenn ich sie besuchte, hatte ich auch einen freien Sitzplatz, oder er wurde schnell frei gemacht. In meinen Augen war das schon ein Fortschritt im Vergleich zu der alten Wohnung.

Solange Milli hier war, bekam sie vom Amt pünktlich ihr Geld. Den Wohnungsschlüssel hatte nur sie, sonst keiner. Ich habe den Eindruck, dass der Terror sozusagen aufhörte, bis auf einige Begebenheiten mit ihrem Auto, davon werde ich später noch einmal etwas erwähnen.

Umschulung und Alltagstherapie

Das Arbeitsamt/Sozialamt ließ nicht locker und drängte Milli zu einer 3-monatigen Ausbildung im Bereich „Umgang und Beschäftigung mit dementen, alten Menschen". Dazu gehörten drei Blöcke Unterricht und ein Praktikum in einem Altenheim.

Das meiste, was Milli sowohl in der Schule als auch während des Praktikums lernte und erlebte, war für sie wie Himmel und Hölle gleichzeitig nebeneinander.

Es waren Dinge, Menschen, Begebenheiten, Situationen, die in ihr Flashbacks auslösten.

In der Schule gab es viele Gelegenheiten für Milli, sich zu „outen" und zu sich und ihren Sachen zu stehen. Sie machte die Erfahrung, dass Verweigern und Nein-Sagen möglich ist, ohne „die Böse" zu sein.

Es war ein regelmäßiges Wiedererleben, nicht nur von Gefühlszuständen und Erinnerungen, sondern es waren auch viele körperliche Wahrnehmungen daran gekoppelt. Es war sozusagen **eine kostenlose Therapie im Alltag; Gott selbst war ihr Therapeut.**

Es waren Puzzleteile, die sich zusammenfügten, immer wenn sie wieder etwas verstanden hatte und etwas sich neu sortiert hatte.

Obwohl die Flashbacks aufdeckten und sortieren halfen, sorgten sie aber auch gleichzeitig dafür, dass Milli eine Zeit lang in ein Loch fiel, aus dem sie jedoch relativ schnell wieder herauskam.

Ich denke, am meisten hat ihr immer geholfen, darüber zu reden. Nun hat sie Glück, dass sie so gestrickt ist, dass sie gut und schnell und viel und gerne redet, ohne zu ermüden.

Zu der Zeit war ich hauptsächlich „Ohr" für sie. Ich kann mich an viele über drei Stunden lange Telefonate mit ihr erinnern, oder über ihre noch längeren Aufenthalte bei mir zuhause, wo sie die Gelegenheit hatte, sich wohl zu fühlen.

Ich hatte von Milli nie den Auftrag, sie seelsorgerlich zu begleiten und ich habe unsere Beziehung auch nie als solche gesehen. Im Nachhinein gesehen war es gut so, weil ich auf keinen Fall die Verantwortung für sie tragen wollte, erst recht nicht, als diese heftigen Erinnerungen und Träume kamen und Milli öfter „im Loch" saß.

Milli hat einige Male entschlossen bekundet, dass sie keine Therapie oder Seelsorge mehr haben will, besonders dann, wenn es Geld kosten sollte, das sie sowieso nicht hatte. In den letzten 15 Jahren hätte sie genug bezahlte Therapien gehabt. Sie hat das auch Gott so hingehalten. Ich finde es erstaunlich, wie „ihr Papi" im Himmel sich darauf eingelassen hat und welche Wege er mit ihr gegangen ist.

Millis Therapeut war also Gott selbst. Obwohl ich manchmal dachte, dass Milli das alles zu viel wäre, und sie selbst oft erzählte, sie würde „neben sich stehen" und mit all diesen Symptomen fertig werden musste, mutete Gott ihr das alles zu!

Und Gott mutete ihr noch viel mehr zu. Ihren Erzählungen nach waren die nächtlichen Träume und Erlebnisse kaum auszuhalten. Fast jede Nacht erlebte sie diese Grausamkeiten von früher wieder, Folter und Schmerzen. Sie hatte aber diesmal die Freiheit, in ihrer Wohnung nachts zu schreien.

Diese Nachterlebnisse waren irgendwann sehr dicht und heftig – aber ergebnisreich! Sie gaben dem Nachtkind Sicherheit, und sie brachten Freisetzung und halfen ihr, in den elementarsten Bereichen im Alltag Dinge zu verstehen, ähnlich wie damals in der Klinik.

Zum Beispiel hatte sie irgendwann die Erklärung für manches körperliche Empfinden wie Brennen und Stechen nicht nur in den Fußsohlen oder im Genitalbereich. Es wurde ihr klar, dass das mit den Kohlen und den Nadeln von damals zusammenhing, mit der furchtbaren Folter an dem kleinen Mädchen.

Vor allem aber lernte sie mit diesen Albträumen umzugehen und sie anzunehmen, von anfangs „Ich bin verrückt, pervers ... wer so etwas träumt ...", bis hin zum spaßigen Erzählen und Lachen darüber, als ob sie gerade etwas Lustiges erlebt hätte.

Wir trösteten uns damit (ja, ich mich auch) dass, wenn die Seele irgendwann alles nochmal nacherlebt hat, danach alles aufhören muss; dann ist es fertig! Dachten wir! Und so ungefähr war es auch – vorerst!

Es wurde immer weniger und die Albträume hörten auf. Wenn ich mich recht erinnere, hatte sie auch keine mehr – bis nach ihrem Umzug nach Berlin. Aber darauf werde ich später näher eingehen.

Diese Ausbildung oder Umschulung, die Milli machte, war nicht nur Therapie, sie war auch

Beschäftigung und Beziehungsmöglichkeit. Sie lernte neue Menschen kennen, Kollegen und ihre Schützlinge im Altenheim. Das tat ihr gut.

Sie erzählte mir viel von ihren Omis und Opis, ja sie hatte ein Herz für die alten Leute.

Sie hatte mitunter Parallelen entdeckt bei sich und der Vergesslichkeit der Heimbewohner, dadurch konnte sie sich in deren Situation hineinversetzen und nachempfinden, wie es ihnen gerade ging.

So schwer traumatisierte Menschen wie Milli leiden in der Regel unter Beziehungsunfähigkeit. Bei Milli ist es jedoch anders, sie ist durchaus fähig, auf Menschen zuzugehen, sie anzusprechen und Kontakte zu knüpfen.

Einen Schutzmechanismus gibt es bei ihr jedoch auch, ich denke dass ihre meisten Beziehungen nicht sehr tief gehen. Selbst mir gegenüber empfand sie nicht die Freundschaft, die ich für sie hatte.

Sie beendete die Ausbildung mit Zertifikat „stolz wie Lumpi" – und das war für sie ein wichtiger Beweis und Bestätigung, dass sie etwas leisten, etwas erreichen kann.

Sie hatte die Möglichkeit, noch einige Wochen ehrenamtlich in dem Altenheim zu arbeiten, mit all den Erfahrungen, die ein normales Arbeitsleben mit sich bringt, nämlich Stress und Fehler, Annahme und Ablehnung, Freude und Ärger.

Sie war dort noch so lange tätig, bis Gott deutlich die Türen schloss.

Herr P. und Mister M.

Milli konnte lange Zeit mit ihrer Geschichte keine Namen oder Gesichter in Verbindung bringen. Jedoch während ihres Umzugs sah sie auf der anderen Straßenseite einen Mann, ein bekanntes Gesicht. „Den gibt es wirklich!" dachte sie. Dieses Gesicht hatte sie früher schon als Schulmädchen immer gemalt, ohne ihm einen Namen zuordnen zu können.

Dieser Mann wohnte in ihrer Nähe und stellte sich später als ihr Arbeitskollege im Altenheim heraus. Wir nannten ihn Mister M. und Milli war hin und weg von diesem Mann. Sein Gesicht hatte große Ähnlichkeit mit einem anderen aus ihrer Vergangenheit, mit Herrn P., an den sie gute Erinnerungen hatte, weil er ihr wegen der Kinder oft geholfen hatte.

Irgendwann war Herr P. verschwunden, es gibt keine Spur mehr von ihm. Einer Info nach müsste er sich in einem Umkreis von etwa 70 km ihres

Heimatortes aufhalten. Der Mann dürfte jetzt ca. Mitte 70 sein.

Milli hatte damals die Ahnung, dass Herr P. zu dem Täterkreis gehören könnte, obwohl er ihr später eine Hilfe war. Warum sonst sollte jemand so plötzlich und spurlos verschwinden, nachdem sie ihn auf ihren Vater angesprochen hatte?

Gleichzeitig mit Herrn P. hatte Milli noch einen Namen im Kopf, das war C., auch ein Täter. Vermutlich gab es auch bei C. irgendwelche Ähnlichkeiten mit Mister M.

Ich finde es höchst interessant, was die Ähnlichkeit dieser Männer in Millis Seele alles bewirkte und hervorbrachte und wie Gott alles lenkte.

Mister M., ihr Arbeitskollege, war anfangs wie ein Anker für sie, sie wurde ihm arbeitsmäßig zugeteilt und er nahm sie unter seine Fittiche, was ihr gegen die üblichen Rivalitäten und Schwierigkeiten am Arbeitsplatz sehr half. Er hatte Geduld und Verständnis für sie und die Art, wie er ihr begegnete, tat ihr gut.

Dieser Mann machte unwissentlich Aussagen, die Milli tief ins Herz fielen und Wunder bewirkten. Es schien, als ob dieser Mann den Schlüssel zu ihrer Seele hatte, sicher war es die Ähnlichkeit mit den beiden Tätern von damals.

Aus der Sicht der kleinen Milli hatten die Täter damals die Macht über sie und die Autorität, ihr alles glaubhaft einzureden, und an die Täter sind auch viele falsche Glaubenssätze gekoppelt.

Wer hätte also theoretisch aus der Klein-Milli-Sicht die Kraft und die Autorität, sie von all den Sachen freizusprechen? Doch nur die Täter selber! Klein-Milli kannte ja Gott noch nicht.

Für Millis Seele reichte schon die Ähnlichkeit mit einem Täter aus, an den sie, wie bei ihrem Vater, auch noch gute Erinnerungen hatte, um die befreienden Aussagen dieses Mister M. tief aufzunehmen und ihnen zu glauben. Und Gott allein wusste das alles und lenkte die Geschicke.

Ich habe viel darüber nachgedacht. Sicher haben einige Menschen im Laufe der Jahre ebenfalls diese oder ähnliche Aussagen gemacht und Milli diese Freiheiten längst zugesprochen. Auch ich habe sie in vielen Dingen ermutigt und darauf hingewiesen, dass sie alles kann und darf, aber es hatte keine große Wirkung.

Es waren ganz normale Aussagen, die Milli freisprachen. Für jeden normalen Menschen eine Selbstverständlichkeit, aber für Milli waren es **Grundlebensnotwendigkeiten, die ihr endlich zugesprochen wurden und denen sie glauben konnte.**

„Du darfst dir ein Nest bauen!" – das war ein entscheidender Punkt, eine Aussage, die Milli dann auch half, sich irgendwann in der neuen Wohnung so etwas wie zuhause zu fühlen.

Die Ketten fallen

Irgendwann hatte Milli einen zweiten Traum, in dem es wieder um diesen Ring ging (siehe I. Teil), der sie durch mehrere Ketten an einen Betonklotz fesselte. Sie erzählte, dass im Traum die Ketten fielen, und nur noch der Ring an ihr dran war, sonst war sie frei.

In einem Gespräch vor ihrem Umzug nach Berlin, als wir so einiges reflektierten, brachte sie Mister M. mit dem Lösen dieser Ketten in Verbindung. „Er hat mir erlaubt zu leben …" Die gesprochenen Worte dieses Mannes befreiten sie von den Ketten, von falschen Glaubenssätzen und Überzeugungen wie zum Beispiel:

- nicht essen zu dürfen

- kein Nest haben zu dürfen

- keine Freunde haben zu dürfen

- keine Freude haben zu dürfen

- sich nicht bewegen zu dürfen (Rad fahren, tanzen – das durfte sie alles nicht)

- keine guten Gefühle haben zu dürfen

- sich nicht wehren zu dürfen

- keine Fehler machen zu dürfen

Dem voraus ging aber Millis sehnlichster Wunsch, das alles zu dürfen.

Mister M. lud sie zu seinem Stammtisch ein, einer kleinen Gruppe, die sich politisch grade organisierte. Milli reizte es irgendwie, dorthin zu gehen und später fand sie dort auch ihren Platz als Schriftführerin.

Diese Treffen waren für Milli ebenfalls Therapie in höchstem Maße. Es waren lauter Männer in der Gruppe, zudem waren einige schwarz gekleidet, einige tätowiert ... „Was für verrückte Leute schleppt er da an?", dachte sie sich und machte die Erfahrung, dass sie als Frau alleine dazwischen saß und ihr passierte nichts! Im Gegenteil, diese Männer gaben ihr noch Sicherheit, glaubten ihr und gaben ihr auch Recht!

Milli lernte noch etwas. Ihre „merkwürdigen Zustände" erkannte sie irgendwann als Panikattacken und lernte damit umzugehen, sie lernte mit ihren „Löchern", in denen sie öfter saß, umzugehen und vor allem herauszukommen, was ihr später in Berlin dann besonders nützlich war. Wir redeten viel und ich versuchte, sie immer wieder auf die Gegenwart aufmerksam zu machen.

Namen tauchen auf

Anfang des Jahres, als Milli sich gerade zu Besuch in ihrem Heimatort befand, hatte sie wieder ein Flashback.

Sie sah sich auf dem Tisch liegen, ihr Vater hielt sie an der rechten Hand, stand also dicht bei ihr. Um sie herum standen noch mehr Männer. Herr P. war dabei und C., und plötzlich hatte sie noch die Namen mit Vornamen von drei anderen Männern. Zwei davon waren ihre Lehrer in der Schule.

Nun hatte sie ein paar Namen mehr, aber sie saß wieder in einem Loch und es ging ihr schlecht. Am nächsten Tag machte sie sich Notizen, um alles festzuhalten und „heulte" vor Empörung und Verzweiflung, aus Trauer über ihr „verlassenes ICH" und wegen „der Eiseskälte", mit der man sie gefoltert und gequält hatte und sie lebensuntauglich machen wollte.

Sie schrieb auf kleine Zettel:

„Sie haben mir mein Leben genommen und jetzt ist es zu spät, ich kann vielleicht noch ein paar Sachen retten, muss mich aber schämen. Kann viele Sachen nicht oder nicht mehr machen oder anpacken, weil sich auch die Leute, die meine

Geschichte kennen, dafür schämen oder so irgendwas.

Wenn es rauskommt, bin ich erledigt!

Wirklich – oder doch nicht?

Darf ich öffentliche Hilfe annehmen?

Was ist mit M. – und wer ist C.?

P. – WO BIST DU?

Verzweiflung – wie soll es weitergehen?

Wenn ich mich oute, was ist dann? Die Leute werden mich für dreckig, krank, doof halten, für eine Lügnerin, weil sowas nicht sein kann und nicht sein darf! Die hat nur 'ne versaute Fantasie, dieses Ferkel …

Wenn ich mich nicht oute, was dann?"

Es ist gut, dass Milli Notizen gemacht hat, sonst wäre dies alles schon wieder vergessen.

Immer wieder Flashbacks

Immer wieder war es Mister M. der hinter ihr stand und ihr Sicherheit gab auf der einen Seite, auf der anderen wurden durch ihn auch Flashbacks ausgelöst, die sie als Hölle empfand.

Eine besondere Situation versetzte Milli in einen stundenlangen Schockzustand, brachte aber auch viel Aufklärung.

Mister M. pflegte sich öfter im Keller im Geräteraum sportlich zu bewegen. Als Milli einmal dazukam, als er in schwarzen Sportklamotten an einem Gerät oder an der Sprossenwand hing, mit den Armen über Kopf, **sah sie plötzlich Herrn P. an Ketten hängen. Herr P. wurde gerade gequält und gefoltert.**

Milli erinnerte sich – es war das letzte und schlimmste bewusste Abspalten und zwar diesmal des geschockten Teils. Der andere Teil in ihr ist auf Mister M. zugegangen und hat sich mit ihm unterhalten, nach dem Motto: Der Andere darf nicht merken, was los ist, du kannst es ihm auch nicht erklären …

Nun wäre Milli nicht Milli, wenn sie dieser Begebenheit nicht nachgegangen wäre und sie hinterfragt hätte. Sie richtete ihre Frage an Gott, denn eigentlich konnte ihr auch keiner außer Gott eine Erklärung dazu geben.

Die Antwort war wieder ein Traum: Sie liegt wieder auf dem Tisch und schwarze Männer stehen drum herum und sind gerade dabei etwas zu machen. Herr P. kommt herein und schreit: „Was macht ihr da mit dem Kind?"

Vier von den Kerlen halten P. fest, während der Oberguru einlenkt: „… aber die Kohle muss noch sein!"

Er holt mit einer Zange glühende Kohle aus einem Eimer und nähert sich dem Kind.

„Neeiin!" brüllt P. voller Panik in den Augen, er will sich losreißen, schafft es aber nicht. Milli schreit nicht. Die Kohle tut höllisch weh. Im Traum erfährt sie später von P., dass die Kerle sie beschneiden wollten.

Als Strafe für dieses Eingreifen wurde P. dann selbst gefoltert und gequält – das war das Bild, das Milli ein Stück weit wieder erlebte, als Mister M. im Keller an einem Sportgerät hing.

Wie man folgendes Phänomen oder Erlebnis nennt, weiß ich nicht …

Milli ist in ihrer Küche beim Spülen und unterhält sich plötzlich mit Herrn P. Dieser gesteht ihr: „Ich war auch ein Täter, ich habe schlimme Dinge mit dir gemacht, ich war der Schlimmste." Sie kann sich nicht mehr an alles erinnern aus diesem Gespräch. Sie will von ihm wissen, warum er plötzlich weg war. Die Antwort, die sie bekam, ist leider vergessen.

Dann will sie von ihm wissen: „Was war mit Lydia?"

Hier möchte ich erklären, dass Lydia eine gute Freundin von Milli war und ebenfalls ein

Missbrauchsopfer. Damals, als Herr P. verschwunden war, hatte Lydia die Möglichkeit, über Beziehungen und Bekannte Herrn P. wieder ausfindig zu machen. Sie waren ihm auch dicht auf der Spur, als Lydia krank wurde und wegen einer Lappalie ins Krankenhaus musste.

Kurze Zeit später starb Lydia im Krankenhaus unerwartet. Es gab eine Obduktion und es hieß, dass sie total verkrebst war. Es verschwanden Berichte und Befunde und Milli kam nur an widersprüchliche Informationen heran. Sie ist heute noch überzeugt davon, dass „sie Lydia um die Ecke gebracht haben".

Zurück zum Dialog mit Herrn P. Die Antwort war eine Bestätigung und lautete ungefähr so: „Ihr kamt uns/mir gefährlich nahe. Sie haben Lydia ausgeschaltet!"

Milli weiß, das war bei einer Patientin mit einer Penicillin-Allergie im Krankenhaus sicher kein Problem.

Dieses Auto! Sieg und Befreiung!

Ich finde ein paar Worte über Millis Auto sind angebracht und erläuternd, da Milli gerade mit dem letzten Auto ein Stück verwoben war.

Milli fährt gut und gern Auto. Sie fuhr einen alten VW Passat, in den schon viel Geld hineinrepariert wurde. Das Chaos in ihrem Auto war noch überschaubar. Wollte oder sollte ich mitfahren, hatte ich allerdings auf dem Beifahrersitz keinen Platz, ich musste mich hinten reinquetschen, und das, was ich unter oder zwischen den Füßen hatte, musste ich ignorieren.

Dank des Autos war Milli mobil, konnte überallhin, trotz steigender Spritpreise und wenig Geld. Der erwähnte Terror, den sie vor Jahren am Auto erlebte, war hier so auch nicht mehr, oder nur anders? Es wurde ihr 3–4-mal Sprit aus dem Tank geklaut. Die ganze Elektrik am Auto stimmte irgendwann nicht mehr, mal fand sie die Türen offen, mal ließ sich das Auto nicht abschließen, der Motor sprang öfter nicht an.

Ein Automechaniker bestätigte Milli, dass an der Elektrik „rumgestöpselt" worden war. Diese Fehlschaltung könnte auch zum Leerwerden der Batterie geführt haben.

Die Fehlschaltung am Radio wurde beim Batteriewechsel festgestellt. Sie musste dann ohne Radio fahren. Die Batterie war nicht festgeschraubt im Motorraum. Kann sich eine Schraube während der Fahrt so sehr lockern, dass sie verloren geht? Haben ihre Söhne beim letzten Mal gepfuscht?

Für Milli war das Auto mehr als nur ein Fahrzeug. Hinten Lehne, vorne Gurt, im Auto so geschützt, war es für sie Sicherheit. Sie fuhr also weitgehend nur Auto, bewegte sich nur wenige Schritte außerhalb und traute sich nicht zu, sich auf der Straße frei zu bewegen. Sie bekam Angst und Panik.

Nun sah es so aus, dass dieses Auto sie ausgerechnet im Winter, als es am kältesten war, im Stich ließ. Sie brauchte es aber dringend jeden Tag für Schule und Arbeit. Sie hatte jedoch kein Geld, und bis jemand Zeit fand, nach dem Auto zu gucken, musste was passieren, aber was?

Sie war in großer Not und stand sehr unter Druck. Ich kann mich teilweise noch an ein langes Telefongespräch erinnern, in dem es hauptsächlich darum ging, andere Wege zu finden, um sich fortzubewegen. Es wurde diskutiert und argumentiert, warum die Buslösung nicht in Frage kam, und überhaupt sah es so aus, als käme nichts anderes in Betracht.

Ich hinterfragte ihre Aussagen immer wieder, die Gemüter erhitzten sich, aber irgendwie ließ ich nicht locker. Ich weiß, dass ich in diesem Gespräch viele Gesprächsfehler gemacht habe, ich konnte auch gar nicht mehr objektiv auf der Metaebene bleiben in diesen Gesprächen mit Milli, da ich schon viel zu sehr in ihrer Problematik mit drinhing.

Aber ich spürte und wusste, dass noch mehr dahintersteckte als die vorgegebene Angst oder kalte Füße, keine rutschsicheren Sohlen, die Unpünktlichkeit, das Verdusseln ... tausend Gründe, warum es nicht gehen konnte.

Irgendwann kam es dann heraus. Es war eine dieser falschen Überzeugungen, die so tief verborgen war: **Du darfst dich auf der Straße nicht frei bewegen; du gehörst eingesperrt; die Leute dürfen dich nicht sehen; wegen dir muss man sich nur schämen** ... Solches und Ähnliches, gekoppelt mit großer Scham und Unwürdigkeit.

Am nächsten Tag holte ich Milli von der Arbeit ab und fuhr sie heim. Wir saßen im Auto, es war kalt. Sie hatte nachgedacht, ich hatte nachgedacht. Wir diskutierten schon wieder – Dinge, die längst gesagt waren. Ich schlug vor zu beten. Da Milli keinen Plan, keinen Nerv und keine Kraft hatte, vermutlich hing sie wieder in einem Loch, tat ich es für sie. Das Gebet war nicht lang, erst war ich unsicher, dann aber vollmächtig und geleitet im Heiligen Geist.

Ich weiß nicht genau, was bei Milli dann noch passierte, denn ein oder zwei Tage später war sie nicht nur in der Lage, mit dem Bus zu fahren, sie ging sogar zu Fuß durch die Stadt einkaufen, ja, sie genoss dann auch diese neue Freiheit und setzte sich öfter mal einfach so in den Bus.

Wahrscheinlich hatte sie Mut, Schneid und eine neue trotzige Haltung bekommen: „Wenn mich die Leute nicht sehen sollen oder wollen, dann sollen sie halt weggucken ..." Und Mister M. sagte ihr auch ganz nebenbei, dass jeder Mensch laufen darf. **Sie brauchte plötzlich kein Auto mehr!!!**

Selbst als das Auto dann irgendwann wieder lief, benutzte sie es so wenig wie möglich, sehr zu meiner Freude, weil ich merkte, dass die Geldprobleme sich dadurch in Grenzen hielten.

Das ist in meinen Augen einer der größten Siege, die Milli errungen hat, wo sie sich Land zurückerobern konnte. Lob und Dank sei Gott, der auch diese Sache lenkte und wusste, unter welchem Druck und bei welchen Voraussetzungen Milli in diesem Punkt Heilung und Befreiung erleben konnte, obwohl es anfangs so aussah, als würde Gott sie im Stich lassen.

Milli, Jolante und Friederike

Gleich zu Anfang im Herbst wurde ich an ein kleines Buch erinnert, das ich vor ca. fünf Jahren irgendwann gekauft und gelesen hatte. Ich wusste nur noch, dass es um die Heilung und Befreiung einer Frau ging, die jahrelang im Satanismus verstrickt war, ohne dass sie es wusste, weil sie zu der Zeit eine Kernpersönlichkeit hatte, die zu Jesus gehörte und eine satanische Ritualpersönlichkeit, die Satan gehörte. Diese Frau wurde von Jesus befreit und geheilt und ist Mitautorin des Buches „In den Fesseln des satanischen Missbrauchs" von P. Bruderer, Charlotte Bruderer und Yvonne Zeitz.

Immer wieder bekam ich Impulse, dieses Buch nochmals zu lesen. Als ich es dann tat, erkannte ich ganz viele Parallelen und Ähnlichkeiten zwischen dieser Frau und Milli. Milli las auch in dem Buch und konnte viele Feststellungen, Symptome und Warum-Fragen dieser Frau unterstreichen. Sie fand sich in vielem wieder.

Vor allem machten wir die zwei Persönlichkeiten dieser Frau, die nichts voneinander wussten, zum Thema in unseren Gesprächen.

Dissoziative Störungen waren bei Milli schon früher diagnostiziert worden, die mir aber nicht aufgefallen waren. Irgendwie meinte ich mir nun klar zu sein, warum Milli oft sagte, „ich steh neben mir" oder „bin neben der Kappe", warum sie manchmal den Weg ohne Mühe fahren konnte und manchmal keine Orientierung hatte und sich viel verfuhr.

Milli erkannte, dass einige Anteile ihrer Persönlichkeit abgespalten waren, aber nicht so, dass diese sich nicht kannten. Sie erklärte mir das so, dass es doch noch eine Hauptpersönlichkeit gäbe, die Milli selber, die alle anderen Anteile aber kannte. Je nach Situation und Erleben würde sich der eine oder andere Teil dann in den Vordergrund drängen. Diese Teile hatten keine Namen. Wenn wir darüber redeten, nannte Milli sie Jolante, Friederike oder sonstwie.

Es gab einen Anteil, der keine Orientierung hatte, einen, der Schmerzen hatte, einen, der keine Schmerzen hatte, einen, der sich körperlich und psychisch überfordern konnte, keine Grenzen kannte und sicher noch andere, die mir aber so nicht aufgefallen waren.
Wenn Milli manchmal negative Aussagen machte oder „abwesend" redete, fragte ich dann, ob das nun Milli, Jolante oder Friederike gewesen war. Milli konnte selbst diese Sache mit Humor hinnehmen, so dass wir uns später manchmal darüber amüsierten.

Mittlerweile weiß ich, dass die schwerste Form von Dissoziation die Multiple Persönlichkeit ist. Ich hatte nie den Eindruck, dass Milli eine sehr schwer gespaltene Persönlichkeit ist oder war, oder dass sie in irgendeiner Form psychotisch ist. Dies bestätigte nicht nur ihre Betreuerin eines Vereins hier vor Ort, die zweimal in der Woche zu Milli kam und sie begleitete. Das stand auch in dem Bericht einer Klinik.

Es gab eine Zeit, in der dieses Thema immer wieder Mittelpunkt unserer Gespräche war und Milli erkannte wieder etwas mehr. Zum Beispiel wenn sie manchmal keine Empfindungen auf der Haut hatte, oder nicht spürte, wenn man sie anfasste, konnte sie das nun dieser Dissoziation zuordnen.

Irgendwann hatte Milli ein Bild vor Augen. Sie sah sich als Person in der Mitte und einige Schattenbilder links und rechts neben sich stehen. Dann plötzlich bewegten sich diese Schattenbilder, sie liefen ineinander und vereinten sich alle in der Person in der Mitte. Gott machte ihr klar, dass er alle ihre abgespaltenen Anteile vereinen und in ihre Kernperson integrieren will. Das war eine Sprache, die wir beide verstanden, aber das musste auch noch ohne Therapie geschehen, weil Milli dazu kein Geld und keine Möglichkeit hatte und auch nicht mehr bereit war, dafür zu bezahlen.

Mittlerweile weiß ich sehr wohl, dass Gott uns immer informiert über das, was er tut, und er möchte auch, dass wir um das Problem wissen, das er beseitigen will. Deswegen waren die vielen Gespräche und die Auseinandersetzung mit diesem Thema wichtig und notwendig.

Wir haben nicht gemerkt, wann das geschehen ist – wann Gott Milli eins gemacht hat, aber irgendwann war es Milli klar, dass etwas anders war. Wir wissen nicht, ob alle abgespaltenen Anteile in die Kernperson integriert wurden, jedoch weiß ich auch, dass Jesus immer ganze Arbeit macht – alles zu seinem Zeitpunkt.

Später, in Berlin, meldete sich dann noch mal ein abgespaltener Anteil. Milli weiß, und wir sind dankbar, dass sich Jesus auch darum kümmern wird. Irgendwann war dieses Thema dann auch beendet.

Als Folge habe ich keine große Veränderung bemerkt, sie wirkte auf mich nicht mehr so fahrig manchmal, sie wurde schneller müde und nahm Gefühle anders wahr. Sie erzählte, dass sie vor dem Altenheim stand, nachdem sie zu Fuß quer durch die Stadt gelaufen war und zum ersten Mal so richtig ihren Körper spürte, den Rücken, die Beine, den Po.

Ich glaube, dass es trotz Heilung ein Lern- und Trainingsprozess ist, **in der Heilung zu bleiben!** Das merke ich an mir selber, wenn ein jahrelang eingeübter Verdrängungsmechanismus der negativen Gefühle sich in Extremsituationen immer noch automatisch einschalten will.

Ein neues Leben in Berlin ? – Der Auftrag

Solange Milli hier war, bekam sie zwar regelmäßig das Geld vom Amt, aber es reichte hinten und vorne nicht, das meiste floss in den Tank. Milli fuhr anfangs öfter mal in ihren Heimatort und suchte Kontakt zu den Kindern, oder holte ihre jüngste Tochter fürs Wochenende zu sich, dann fuhr sie sie wieder zurück.

Sie ging zur Schuldnerberatung, dort kam heraus, dass sie insgesamt ca. 5000 Euro Schulden hatte. Was tun? Milli will auf alle Fälle ihre Schulden zurückzahlen, die Schulden, die berechtigt sind (einige sind es nicht). Aber wovon? Durch das Anschreiben der Gläubiger wurden auch noch „schlafende Hunde" geweckt. Es besteht auch die Möglichkeit der Privatinsolvenz – aber das wegen 5000 Euro?

Es ergab sich dringend die Notwendigkeit, etwas dazuzuverdienen, aber wir erlebten beide, dass alle Türen zu waren. Mehrere Bewerbungen und Versuche, die für sie in Frage kamen, brachten nichts. Selbst Gravieren, wie früher, konnte sie hier nicht. Es war, als wenn es nicht sein sollte.

In diese Überlegungen und in diesen Kampf hinein bekam sie von ihrem früheren Chef ein Angebot, nach Berlin zu gehen, bei einigermaßen guter Bezahlung und selbstständigem Arbeiten.

Sie sollte ein Casino leiten und mit aufbauen, wie früher vor ca. drei bis vier Jahren in ihrer Heimatstadt. Dieses Casino musste damals leider aus irgendwelchen Gründen geschlossen werden, aber ihr Chef hatte sie in guter Erinnerung behalten und brauchte sie für sein neues Projekt in Berlin.

Nun käme dieser Job nach christlichem Verständnis absolut nicht in Frage, es sei denn, man hätte einen Auftrag … von Gott natürlich!

Wie denken und glauben wir so eng manchmal!

Milli sagte erst ab, sie war sich unsicher. Ich selbst hatte wegen des Jobs keine Bedenken, ich war mir nur wegen des Zeitpunkts nicht sicher, ob sie schon so weit wäre, sowohl körperlich als auch psychisch. Sozusagen von Null auf Hundert Verantwortung zu übernehmen, und das 24 Stunden am Tag. Aus ihren Berichten von früher wusste ich, wie ihre Arbeit ungefähr aussehen würde.

Als sie aber von ihrem früheren Therapeuten, mit dem sie immer noch (auch heute) telefonisch in Verbindung ist, grünes Licht bekam, setzte sich Milli in den Zug und fuhr nach Berlin, um sich die Sache erstmal anzugucken.

Unterwegs im Zug schlief sie ein und hatte einen Traum. Sie sollte den Menschen nämlich sagen: JESUS liebt dich, so wie du bist! Sie hätte nicht die Aufgabe, sie zu bekehren oder von der Spielsucht zu befreien, sie sollte einfach nur den Leuten diese Worte sagen.

Milli wusste, das war ihr Auftrag von Gott!

Nun ist Milli in Berlin in einem Casino angestellt, sie leitet es, hat einen unbefristeten Arbeitsvertrag und verdient wieder ihr eigenes Geld, ist nicht mehr von einem Amt abhängig. Sie hat das volle Vertrauen ihres Chefs und freie Hand. Sie schätzt und achtet die anderen Mitarbeiter und ihre Kollegen schätzen und achten sie auch.

„Wir sind wie eine Familie" ist ihr Eindruck und der bestätigende Satz ihres Chefs.

Und genau in diese „Familie" musste Gott sie bringen, um ihr ganz neue wichtige Erkenntnisse und Zusammenhänge zu zeigen und noch mehr Schreckliches aus ihrer Vergangenheit aufzudecken und zu heilen.

Diese Spielhalle, in der Milli arbeitet, ist ausgestattet mit mehreren Kameras. Der Chef und einige Mitarbeiter können jederzeit von überallher das Casino und sie beobachten. Dass sie sich beobachtet fühlt, ist für sie nichts Neues, aber diesmal sind es „die Guten", und das gibt ihr Sicherheit und Schutz. Das ist mit ein Grund, warum Milli sich fast die ganze Zeit im Casino aufhält und auch dort schläft und nur selten in ihrer Wohnung. Die kleine Wohnung hatte ihr Chef gleich von Anfang an für sie gemietet, aber zuhause fühlt sie sich im Casino.

Zum Schluss noch der dickste Brocken – Mord verjährt nie

Ich hatte wirklich gedacht, nachdem Milli hier in den letzten Wochen keine Albträume und Flashbacks mehr hatte, dass dieses Thema nun zu Ende sei, dass sie nun endlich zur Ruhe kommen kann. Ich hatte mich gewaltig geirrt!

Eine kurze Galgenfrist hatte sie zwar dort auch, aber bald ging es dann los. Anfangs mit Träumen und später tauchten Bilder auf. Diesmal aber in einem ganz anderen Zusammenhang.

„Ich weiß jetzt, warum die mich unter Kontrolle halten", rief sie mich total aufgewühlt an. „Die haben einen um die Ecke gebracht, und Mord verjährt nicht. Die mussten sichergehen, dass ich nichts rede. Ganz viel Zeug kriegt nun Hand und Fuß."

Milli hatte nun die Erklärung für all den Terror der vergangenen Jahre.

Dann beschrieb sie mir die Bilder, die sie in einem Traum hatte. Diesmal war nicht sie auf dem Tisch, sondern ein junger Mann. Um den Tisch herum waren lauter Gestalten und sie erlebte sich als 4–5-Jährige mit der Oma im Dunkeln dabeistehend.

Dieser Mensch wurde gerade scheibchenweise geschlachtet. Alle die dabei waren wussten: **Mir kann es auch so gehen!**

Der Mann brüllte vor Schmerzen: „Bringt mich um!" Dann wurde Milli ein Messer in die Hand gedrückt, sie sollte zustechen. Das konnte sie nicht. Also wurde ihre Hand geführt und der Mann wurde erstochen. Sie hatte dieses Geräusch noch im Ohr.

„Es war so grausam, ich will nicht mehr darüber reden, denken ..."

Sie erinnert sich, dass es irgendwann im Gespräch zwischen Mutter und Oma hieß, dass irgendjemand aus ihrem Umfeld verschwunden sei.

Nach diesem Anruf war ich fix und fertig. Ich musste dies alles verdauen; ich lief fahrig und planlos durch die Wohnung. Milli eine gezwungene Mörderin! Nicht zu fassen! Wie furchtbar!

Gott sei Dank, hat Milli nach wie vor noch mit vier anderen Menschen telefonischen Kontakt. Sie konnte auch mit ihnen reden, es wurde für sie gebetet.

Diese Bilder bauten sich später innerhalb von ca. vier Monaten noch weiter auf und korrigierten sich und brachten noch mehr Details.

Während dieser ganzen Zeit hatte Milli massive Herzprobleme und -schmerzen, ihre „Pumpe spielte verrückt". Sie hatte ganz oft Nasenbluten. Wenn sie die Nase spülte, kamen dicke blutige Brocken heraus. Ich gehe davon aus, dass diese Symptome Ausdruck der vielen Ängste der kleinen Milli waren, dass es ein bis jetzt noch nicht entdeckter abgespaltener Anteil von Milli war, der sich immer wieder zeigte.

Zum Glück gab es Probleme im Casino, unter anderem einen Einbruch. Diese Schwierigkeiten hielten Milli in der Gegenwart verankert. Sie hatte ja auch Übung darin, aus so einem Loch wieder herauszukommen und doch war alles schrecklich für sie.

„Ich überlebe jeden Tag", war ihre Antwort auf meine fast täglichen Fragen.

Ganz wichtig war das Akkordeon in dieser Zeit. Sie spielte Lobpreislieder, das half ihr unwahrscheinlich viel, es ging ihr dann wieder besser.

Als sie noch hier war im Frühjahr, hatte Milli auch ganz oft Nasenbluten, das ging einher mit dem Wiedererleben und den Erinnerungen des Missbrauchs. Auch beim Umzugsstress hatte ich das beobachtet. Sie erklärte mir, dass sie ein Loch in der Nasenscheidewand habe und nicht wisse woher, daher wohl auch das viele Nasenbluten schon seit Jahren.

Bei einem Arztbesuch hier kurz vor dem Umzug nach Berlin, bekam sie die Erklärung für ihre kaputte Nasenscheidewand. Für den Arzt sah es nämlich so aus, als wenn durch Millis Nase eine Menge Koks gegangen wäre.

Also wieder ein Puzzleteilchen mehr. Die Täter mussten sie mit irgendwelchen Mitteln über die Nase öfter betäubt oder gefügig gemacht haben, dabei wurde die Scheidewand verletzt und verätzt. Von solchen Praktiken habe ich noch aus anderen Fällen gehört und gelesen. Das ist in Satanistenkreisen üblich.

Sie haben mir immer das Liebste genommen, was ich hatte ...

Die Bilder, die Milli nach und nach hatte, wurden konkreter und detaillierter, sie war älter. Dieser Mord muss nach der Geburt ihres Kindes passiert sein, als sie 13 war.

Irgendwann wusste sie, dass dieser junge Mann, den sie töteten, Mirko hieß, und dass sie ihn total lieb hatte. „Er war auch Opfer, er hatte nur ein Loch weniger, das sie missbrauchen konnten. Dank ihm habe ich überlebt ... Wenn sie mit mir fertig waren und ich in einer Ecke am Boden lag, während sie sich weiter untereinander vergnügten, war Mirko bei mir geblieben, bis ich zu mir kam und es mir besser ging. Wenn sie dann ihn in der Mangel hatten, bin ich bei ihm geblieben, bis wir wieder lebten, bis diese Mittel nicht mehr wirkten."

Dieser Junge, den sie gern hatte, wurde vor ihren Augen geschlachtet. Abscheuliche Gräuelbilder hatte sie vor Augen. Erst wurde dem Jungen ein Stück aus dem Oberschenkel herausgeschnitten, dann die Zunge und dann wurden die Augen rausgeholt. In späteren Bildern sah sie ihn ohne Finger und Zehen, mit verkohlten Lippen. Sein Penis wurde abgeschnitten, was er aber nicht mehr spüren konnte, weil ihm vorher durch starke Schläge das Rückgrat gebrochen worden war.

Dann wurde sie auf seinen Unterleib gesetzt und sie musste ihn erstechen, eine andere Hand führte ihre Hand.

„Sie haben mir immer das Liebste genommen, was ich hatte. Alles in mir bäumt sich gegen eine Beziehung auf." Es ist einleuchtend, warum Milli keine tiefen Beziehungen eingehen kann, warum sie auch manchmal mit keinem was zu tun haben möchte.

Milli erinnert sich an zwei Hunde, die sie als Kind ins Herz geschlossen hatte. Denen wurden vor ihren Augen die Beine abgemacht, sie wurden verstümmelt und getötet.

„Einen musste ich umbringen, weiß nicht, ob ich's gemacht habe …"

„Mein Kind haben sie mir genommen! Wenn jemand merkt, dass ich an etwas hänge, dann wird es mir genommen. Mit meinen Kindern habe ich vor anderen anders gesprochen als sonst. Niemand durfte wissen, dass ich an ihnen hänge. Ja nicht zeigen, dass du sie gern hast, sonst sind sie auch weg!"

Mit diesen Bildern und Erkenntnissen begann für Milli eine der schwersten Zeiten, und eine Trauerphase.

Gleichzeitig hatte sie eine Melodie im Kopf, deren Ursprung sie bis heute noch nicht kennt, sie aber zu diesen Geschehnissen einordnete. Zu dieser Melodie schrieb sie einen Text und gab ihren Gedanken und Gefühlen, ihrer Trauer somit Ausdruck.

Vermutlich wurden diese Bilder und Erinnerungen und Träume durch den Namen Milo ausgelöst. So heißt nämlich einer ihrer Kollegen im Casino. „Milo" hat gewisse Ähnlichkeit mit „Mirko". Sie erzählt, dass sie anfangs nicht wusste, dass es den Namen Mirko gibt und den Namen noch nicht mal richtig verstanden habe, dass sie sich erst an diesen Namen gewöhnen musste, so sehr war der Name bei ihr verdrängt. Sie war immer ganz traurig, wenn der Kollege ging, sie lief ihm überall hinterher in alle Räume, wenn er da war. Unbewusst hat sie diesen Milo gemocht. Wenn sie seine Hände oder Augen betrachtete, dachte sie sich, du kannst froh sein, dass du sie noch hast…

Mirko

Ich finde die Art und Weise sehr interessant und barmherzig, wie Milli in etwa vier Monaten nach und nach diese Bilder hatte, so dass sie alles auch überleben und aushalten konnte. Ich denke, sie hat auch eine ganz besondere Stärke, so etwas auszuhalten, da hat Gott ihr von Anfang an schon etwas in die Wiege mitgegeben.

Kurze Zeit später rief sie mich mit einer neuen Erkenntnis an: **Der getötete Mirko war ihr Zwillingsbruder!**

Sie wusste schon immer, dass ihr ein Leben lang etwas gefehlt hatte, dass sie sich nie als Ganzes erleben konnte, sie konnte sich nur nie erklären, warum …

Milli und ihr Bruder waren beide Opfer dieser Satanisten, wussten aber nicht, dass sie Zwillinge waren. Sie erinnert sich mit Namen an eine Familie in einem Nachbarort, wo Mirko vielleicht gelebt haben könnte. Diese Familie hatte damals einen Jungen in ihrem Alter. Vielleicht ist sie mit Mirko auch in der Schule zusammen gewesen, hat aber keine Erinnerung daran.

Milli und Mirko standen sich nahe, sie hatten sich gern, so gern, wie das bei Zwillingen halt ist. Als 13-Jährige konnten sie diese Gefühle nicht einordnen, da sie es nicht wussten. Sie dachten, sie wären verliebt, sie waren es vielleicht auch, und so kam es, dass sie auch einmal miteinander schliefen. Das wurde von den anderen entdeckt.

Zur Strafe wurde Mirko gequält und geschlachtet. Als ihm einer dabei das Rückgrat kaputt schlug, schrie dieser: „Das durftet ihr doch nicht, das ist deine Zwillingsschwester!"

Seit dieser Erkenntnis, dass Mirko ihr Zwillingsbruder war, ist bei Milli innerlich noch mal was passiert: „Da ist vieles ins Lot gekommen, ich fühle mich irgendwie ganz."

Aber die Trauer und der Schmerz um den Verlust ihres Bruders waren sehr stark und intensiv.

Sie erzählte, wie sie sehnsüchtig ihren Arbeitskollegen erwartete und auf jedes seiner Worte oder auf seine Blicke und Bewegungen achtete. Sie dackelte ihm in alle Räume hinterher und blubberte ihn gleichzeitig voll. Sie hatte das Bedürfnis ihm zu erzählen, mit ihm zu reden, was den guten Mann natürlich total überforderte, zumal er ihre Geschichte nicht kannte. Er ließ sich dementsprechend seltener bei ihr blicken und wenn er ging, überfiel Milli eine tiefe Traurigkeit und Schmerz und Angst.

Für Milli war in dieser Zeit das Reden sehr wichtig. Sie hatte das Bedürfnis, sich vielen Menschen mitzuteilen, es war, als ob sie sich nicht kontrollieren konnte.

Sie machte auch gravierende Fehler, indem sie Leute in ihrer Heimatstadt anrief und andeutete, sie wüsste jetzt, was damals war.

Ich hatte große Bedenken, sie würde sich damit zusätzlich in Gefahr bringen, weil Täter und Mitwisser nicht einfach nur zugucken ...

Ihre Trauer und ihren Schmerz packte sie immer wieder in ihr Lied, wenn sie am Akkordeon spielte und dabei weinte – Gott sei Dank, konnte sie weinen … und immer wieder sah sie den verstümmelten Bruder in den Bildern, die sich ihr aufdrängten.

Besser wurde es, als sie ihren Bruder bei Jesus auf der Insel sah, wo Milli auch ihre Kinder weiß. Sie machte sich nämlich innerlich wieder auf die Reise zu der schönen Insel, dort konnte sie Mirko bei ihren Kindern sehen und erleben, dass er wieder ganz und gesund war. Er war fröhlich und es ging ihm gut. Ihre Oma und der Opa waren immer noch hinter dem Zaun. Sie wollten auch gar nicht auf die andere Seite herüberkommen und bereuten nichts.

Mit dieser Erkenntnis, dass es ihrem Bruder gut ging und dass er wieder ganz und gesund bei Jesus war, hörten urplötzlich Millis Herzprobleme, ihre Blutung und Nasenbluten und ihre Verstopfung auf.

Ihre Menstruation hatte sie immer sehr stark und lange, aber das Dauerbluten in den letzten 4–5 Wochen war nicht mehr normal und es hatte jetzt ein Ende.

Millis Verdauung und Stuhlgang sind ebenfalls ein besonderes Thema. Noch als sie hier war, hatte sie während der „Therapiephase" abwechselnd Verstopfung oder Durchfall. Stuhlgang ging immer nur mit einem Hilfsmittel. Sie erzählt, dass es während der vier Wochen vor der letzten Erkenntnis ganz extrem war, zum Schluss half nichts mehr. Als sie vor Jahren während einer Kur schon mal eine ganz schlimme Obstipation hatte, vermutete die Kurärztin einen Darmverschluss und wollte sie notfallmäßig ins Krankenhaus schicken. Damals hatte beten in einer Kleingruppe geholfen.

Ist es überhaupt noch verwunderlich, dass Millis Körper so vielfältig auf all die Traumata und die überaus schweren psychischen Belastungen reagierte?

In dieser Zeit wusste Milli auch, dass jeglicher Arztbesuch nicht wirklich etwas bringen würde, obwohl sie immer wieder den Gedanken hatte, einen Arzt aufzusuchen.

Dafür aber war **Millis Lied für Mirko** ein Ventil für ihren Schmerz, ihre Trauer und ihre Tränen:

Millis Lied für Mirko

Auch als Anklage für jeden Mitwissenden oder Täter! Milli, im September 2012:

1. Ja, Du warst immer da.

Du gabst mir Lebensmut!

Ja, immer genau dann,

wenn ich am Boden lag,

dann kamst Du zu mir!

I: Streicheltest mein Gesicht,
dann nahmst Du meine Hand!
Nur Du, Du bliebst bei mir,
bis es mir besser ging,
ich wieder Luft bekam. :I

2. Wir sahen uns nur nachts,
wir hielten fest zusamm'
dass wir Zwillinge war'n
hatten sie nicht gesagt –
wir liebten uns so sehr.
I: Wir waren immer eins
und wussten nicht warum –
der Schmerz des anderen
kam bei dem einen an
als wär's der eigene! :I

3. Ja, wir erlebten viel –
ja, sehr viel Schreckliches –
sie quälten uns so sehr,
wie's ihnen grad gefiel- –
sie machten uns kaputt!

I: Verzweifelt war'n wir oft –
doch weinen, das ging nicht –
dann kamen sie erneut,
und schlugen wieder zu –
zerstörten unser Herz! :I

4. Mirko, ich brauch Dich so!
Du allein weißt genau,
wie es mir jetzt so geht –
und was ich gerade fühl –
nur Du kannst mich verstehen!
I: Doch Du bist nicht mehr da!
Ja, sie brachten Dich um!!
Ich kann es nicht glauben,
was damals dort geschah –
ja, sie töteten Dich!!! :I

5. JA, ich sah alles an,
was sie mit Dir getan!
Ich hör noch heut' dein Schrei'n –
es ist so fürchterlich –
ich konnte gar nichts tun.

I: JA, ich sah dabei zu,
wie sie Dich zerstückelten –
und keiner half uns dort
und keiner wurd' bestraft –
ich kann es nicht versteh'n :I

6. Nur halb bin ich noch da
die eine Hälfte starb –
sie starb mit Dir damals,
in dieser bösen Nacht –
ich konnte gar nichts tun …
I: Ich konnte gar nichts tun,
ich hatte keine Chance –
sie waren viel zu viel –
sie waren viel zu stark –
Ich bitte Dich: VERZEIH … :I

7. Du, mein Herz das schreit!
Es hält es nicht mehr aus!
Ich brauche Dich so sehr –
doch Du bist nicht mehr da –
wie geht es nun weiter???

I: Ja, Du bist nicht mehr da,
sie taten Dir so weh!
In mir ist alles leer –
ich brauche Dich so sehr –
hab keinen Menschen mehr!!! :I

8. So halb steh ich nun hier –
bin nur noch ganz allein –
der einzige Mensch, der
mir jetzt noch helfen könnt –
ja, der lebt nicht mehr!!!
I:OH HERR, wo warst du nur?
Warum tatest du nichts???
Er litt doch auch so sehr –
er litt noch viel, viel mehr
als ich aushalten kann!!! :I

Zwischenzeitlich war Milli zu Besuch in ihrer Heimatstadt. Als sie an einem abseits gelegenen Grundstück mit Hütte vorbeikam, hatte sie plötzlich eine merkwürdige Ahnung, dass das dort der Tatort gewesen war, und nicht, wie bisher angenommen, der Dachboden in ihrem Elternhaus. Vielleicht war er es nur anfangs.

Bei dieser Gelegenheit konnte sie dann mit seelsorgerlicher Unterstützung die geistlichen Dinge von damals in Ordnung bringen. Auch wenn sie es damals nicht wussten, es war Inzest, was zwischen ihr und dem Bruder passierte, und somit vor Gott nicht in Ordnung. Im Gebet konnte sie alles ans Kreuz bringen und die damit zusammenhängenden Flüche für sich und ihre Kinder brechen. Im Gebet konnte sie auch Mirko bewusst loslassen.

Aber sie hatte weiterhin ihre Not und ihren Schmerz, wenn ihr Arbeitskollege ging! Bis ein Traum ihr dann wieder zu Hilfe kam.

Mit den Träumen ist es so eine Sache. Manche Menschen und Therapeuten vertreten die Ansicht, dass Träume nur Wege und Mittel der Seele sind, sich selbst zu helfen. Ich persönlich glaube, dass ein Traum noch etwas mehr ist, als bloß ein Selbsthilfeversuch der Seele.

Wir wissen, dass Gott durch Träume spricht, und wenn er unser Herr ist am Tag über Geist, Seele und Leib, dann ist er es auch nachts, und dann spricht er erst recht zu uns. Warum sollte Gott nur zu gesunden Seelen in Träumen sprechen? Ich glaube vielmehr, dass es eine ganz gezielte, wunderbare Art ist, wie Gott in Träumen Dinge aufdeckt zum richtigen Zeitpunkt und in Träumen auch Lösungen und Heilung schenkt, ebenfalls zum richtigen Zeitpunkt.

Milli schilderte mir den Traum in einer E-Mail. Es folgen Auszüge daraus:

Sitze endlich heulender Weise hinterm Tresen, dafür ist mir jetzt aber nicht mehr so schwindelig wie noch vor einer Viertelstunde.

Ich träumte, dass unser Milo zu mir kommt, als wir uns alle mal hier in Berlin irgendwo trafen (mit „wir" meinte sie ihren früheren Therapeuten und die Beter aus ihrer Heimatstadt). Milo hatte das mitgekriegt, hatte meine Not erkannt mit meinem Bruder und stand nun mit einem genialen Vorschlag in der Tür:

Er meinte, weil er mich nun so an meinen Bruder erinnert, und er dies ewige Geheule von mir nun auch leid sei, wolle er mir helfen.

Er hätte da zufällig was irgendwo mitgekriegt, was man in einer Therapie machen kann und bot nun an, sich mit mir in der Rolle meines Bruders zu unterhalten.

Ich solle ihm alles sagen, was ich meinem Bruder sagen wolle, er wolle dann antworten, was ihm einfiele; ihr solltet dabei sein – ähnlich wie bei den Gruppen in Egenhausen.

Wir taten das dann auch, Milo und ich setzten uns in die Mitte einander gegenüber.

Ich sagte ihm, wie sehr er mir fehlt, dass ich ihn lieb habe, dass er mein einziger Zeuge für das Ganze ist, dass ich ihn auch total verdrängt habe, noch nicht mal den Namen erkennen konnte ...

Milo antwortete immer genial genauso, wie dies mein Mirko wahrscheinlich getan hätte. Leider kriege ich nicht mehr alles zusammen.

Mitten im Traum war ich dann irgendwann wach und dachte, das ist vielleicht wirklich die einzige Möglichkeit, mit dem Ding fertig zu werden.

Da mir einfiel, dass ich noch nicht alles gesagt hatte, versuchte ich es noch mal und stellte mir die Situation noch mal vor, bin anscheinend auch noch mal eingeschlafen, oder doch nicht?

Ich erzählte alles, was mir einfiel. Wie schön es nachts war, wenn wir zusammen spielten, wie entsetzlich es war früher und heute, wenn Mirko ging, wie schrecklich die Tage waren, wenn ich durch nichts mehr abgelenkt war und noch nicht mal wusste, warum es mir gerade so scheiße ging ... Wie gerne ich ihn heute als Ratgeber hätte usw.

Irgendwann sagte mir Mirko: „Du lebst, bitte lebe auch für mich weiter, sieh mal, mir geht es wieder gut, ich habe mal einen kurzen Moment heftig gelitten, aber Gott hat mir alle Gliedmaßen wiedergegeben. Ich bin jetzt auf dieser Insel, wo Du Deine Kinder weißt. Mir geht es richtig gut, bitte sorg dich nicht. Im Vergleich zu jetzt waren die letzten Stunden nur ein Klacks, ein kurzer Moment. Du weinst immer bei dem Lied, wenn du an mein Leiden denkst – ich habe es längst vergessen."

Er fragte mich nach den Namen meiner Kinder, ich sagte ihm welche, hatte aber Schwierigkeiten, sie alle zusammenzukriegen ... Ebenso wollte er mit Papa sprechen und evtl. mit Oma durch den Zaun. Wir quatschten über die Kinder, den See ... das ist jetzt auch nicht so wichtig.

Wichtig ist vielleicht, dass wir auch noch mal über Opa und Oma sprachen, über deren Position in dieser Gruppe, und über unseren Geburtstag ... über Macht und Ohnmacht ... und über Erbe.

Während mir Mirko erklärt hatte, dass er wieder komplett ist, war er mit seinem Stuhl schon näher zu mir gekommen, hielt mir beide Hände hin. Ich sollte sie nehmen und fühlen, dass sie wieder ganz sind und ich durfte sie festhalten.

Nun stand er irgendwann auf, er hatte wieder eine Idee. G. gab ihm irgendeinen längeren Gegenstand in die Hand und Mirko sagte: „Dieses Zepter hier lag in einer Kiste vom Opa. Wir nehmen es jetzt jedenfalls symbolisch als ein Zepter. Da ich der Ältere von uns beiden bin, steht mir eigentlich das Erbe zu. Aber ich bin tot und du lebst noch.

Deshalb gebe ich es jetzt dir, stell dich mal hin, mit dem Rücken zu mir."

Ich stand auf und er stellte sich ganz dicht hinter mich, legte seine Arme um mich und fragte: „Fühlst Du mich?" und wartete bis ich ihn spürte.

Er nahm meine Hände, immer noch hinter mir stehend, und achtete darauf, dass ich genau mitbekam, dass er wirklich fühlbar ganz dicht bei mir steht, ich seine Rückendeckung wahrnehme und mich sicher fühle: „So, dieses Zepter steht für die Macht, die Uropa,

Oma und Mutter über uns hatten. Ich als ihr Erbe, der ich genauso wie Du am Geburtstag vom Uropa geboren wurde, halte jetzt dieses Symbol in meiner Hand – und ich gebe es jetzt in deine Hand, da du noch lebst und die EINZIGE bist, die diese böse Macht in etwas Gutes umwandeln kann. Macht ist Macht, es kommt auf die Haltung an und was man daraus macht!

Dieses Böse von Uropa, Oma und Mutter, dieses Kontrollieren, Benutzen, Manipulieren, Belügen, Zerstören usw. was sie mit uns gemacht haben, hat ab sofort ein ENDE!!!

JETZT hast Du das Zepter in der Hand und Du bestimmst, ob sie weiter all diese Dinge mit Dir machen dürfen, oder ob Du jetzt die Spielregeln aufstellst! Du stehst für die Liebe, die uns Jesus lehrt, und Du lebst sie auch schon.

Nimm dieses Zepter von Opa als Symbol dafür, dass sich ab sofort das Blatt gewendet hat und denke immer dran, wenn Du mal nicht weiter weißt, verzweifelt bist usw., dass ich Dich genauso lieb habe wie Du mich, und dass ich meine Hoffnung in Dich setze, dass Du die Liebe Gottes weitergibst und den anderen keine Macht mehr zusprichst."

Er drückte mich noch mal ganz fest an sich, hinter mir stehend, und hielt meine Hände fest. Er sagte mir auch noch:

„Fühle genau hin: Du hältst das Zepter in Deinen Händen fest, ich halte Deine Hände in meinen gesunden fest, darum herum hält Jesus seine gesunden Hände um meine fest und um uns herum stehen viele, viele Engel,

die Dir helfen werden. Fühle in Dich hinein und spüre uns, hinter Dir und um Dich herum. Vergiss diesen Moment nie. Wir stehen immer hinter Dir!!!"

Dann wurde ich wieder wach und heulte erneut ...

Das war eine Therapiesitzung mit Erfolg! Alles auf Milli zugeschnitten! Ich staune, was das alles für eine Auswirkung auf Milli hatte und welche Folgen.

Milli hat Anfang November Geburtstag. Um diese Zeit herum muss auch ihr Bruder damals getötet worden sein. Seit sie sich erinnern kann, hat Milli nie gerne Geburtstag gefeiert, sie konnte sich nie freuen und war immer traurig um die Zeit, sie konnte sich aber nicht erklären, warum.

Zum Tod des Bruders würde der letzte Oktobertag passen. Halloween ist einer der größten satanischen Feiertage, an denen auch heute noch Menschen geopfert werden.

Die oben beschriebene „Traum-Therapie-Sitzung" hatte Milli am 28. Oktober. Einige Tage später, an ihrem 49. Geburtstag, mailte sie mir Folgendes:

Hallo ...

habe gerade auf meinen Bruder ein Gläschen Sekt getrunken und unser Lied gespielt – mit ganz viel Dank an unseren Papa da oben.

Die Heulorgie blieb aus, es tut nur noch ein bisschen weh ...

9. Oh HERR, ich danke Dir!
Du gabst ihn mir wieder,
er ist wieder ganz komplett –
es tut ihm nichts mehr weh –
nun wird alles gut!
Heut' stoß ich auf ihn an –
mit einem Gläschen Sekt –
ich feiere unseren
Geburtstag heute nun
zum 1. Male gern.

Oh HERR, ich danke Dir,
Du machst alles gut!
Ich habe ihn so lieb –
und vergess ihn nie,
denn er ist jetzt bei Dir!

Millis Lied bekam die 9. Strophe und eine erfreuliche Wendung.

Auch mündlich bestätigte sie mir, dass alles anders sei, dass sie zum ersten Mal den Geburtstag anders feiern konnte. Sie war jetzt „komplett". Sie freute sich auf ihre Gäste und hatte verschiedene

Sachen vorbereitet. An diesem Tag waren alle Casinobesucher „ihre" Gäste.

Ich konnte leider nicht bei ihr sein an diesem Tag, ich kann sie mir aber bildlich gut vorstellen, wie sie gestrahlt haben muss, und wie sehr sie sich gefreut haben muss beim Besuch all ihrer Kollegen. Ihre Lieblingsblumen, rote Rosen, bekam sie auch geschenkt und sie wäre nicht Milli, wenn sie die Rosen nicht trocknen würde, um ihnen somit „Ewigkeitswert" zu verleihen ...

Geistliche Prinzipien und das satanische Netzwerk

Wir wissen, dass der Mensch eine Einheit ist von Körper, Seele und Geist. Daher wäre es einseitig und nicht richtig, nur über Millis körperliche und psychische Abläufe und Entwicklungen zu berichten. Ich halte es für wichtig und notwendig, alles auch vom geistlichen Aspekt her zu betrachten.

Millis Festhalten am Glauben, an Gott, war ein Auf und Ab und keineswegs ohne Zweifel oder Hoffnungslosigkeit oder ohne Anklagen an Gott und die Menschen.

Sie hatte schon als Kind das Widersprüchliche wahrgenommen, dass es zwei Wahrheiten gab, nämlich ihre, die nicht sein durfte, und die Wahrheit der Erwachsenen, die sein musste und immer galt.

Es waren vielmehr auch geistliche Widersprüche in ihr, eine innere Zerrissenheit gepaart mit einem entsprechenden Gottesbild. Sie wusste oft nicht, zu welchem Gott sie gerade betete. Sie konnte nur mit Mühe in der Bibel lesen und verstand oft nicht, wie es gemeint ist, oder konnte das Gelesene nicht auf sich beziehen. Wenn sie sich beim

Beten unsicher war, betonte sie ausdrücklich, dass sie den Gott meinte, dessen Sohn Jesus Christus ist, der auch für sie gekreuzigt wurde und auferstanden ist.

Zu diesem geistlichen Wirrwarr in ihr bekam Milli eine Erklärung, als Jesus im Gebet verschiedene geistliche Dinge und Zusammenhänge zeigte und aufdeckte. Dazu machten wir uns auf eine längere Reise zu einem Termin mit dem Sesoteam.

Für mich ist die Art des Dienstes der beiden Frauen, einer Fachärztin für Psychiatrie und Psychotherapie und einer aus dem Satanismus befreiten und geheilten Betroffenen, ganz neu und spezifisch und vielleicht einzigartig. Ich habe von ihnen die Erlaubnis, sie hier zu erwähnen.

Sie arbeiten mit Jesus im Gebet, auf bis jetzt wenig bekannten Gebieten. Aber Gott ist allwissend und deckt durch Offenbarung viel Verborgenes auf, gerade wenn es um geheime Rituale, Praktiken, Schlüsselmomente oder Zusammenhänge in den satanischen Netzwerken geht.

An diesem Wochenende im Dezember 2011 hatten wir die Möglichkeit, bei netten Leuten privat zu übernachten. Da hatte ich Gelegenheit, Millis unruhigen Schlaf mitzubekommen.

Am selben Morgen hatte ich einen Traum, der ganz deutlich zeigte, **dass Milli geboren worden war, um Satan und seinen Anhängern zu dienen.**

Das war für mich so heftig, dass ich nicht wusste, ob ich es Milli mitteilen sollte. Ich entschied mich, es doch zu tun. Ihre Reaktion war erstmal sachlich, normal, bejahend. Unser Gebetstreffen noch an dem Vormittag sollte meinen Traum nicht nur bestätigen, sondern auch noch viel mehr Erkenntnis bringen.

Bei diesem Treffen zeigte Jesus, dass Millis Vorfahren aus der Vaterlinie (obwohl Milli immer dachte, das Böse käme aus der Mutterlinie) in satanischen Logen und Synagogen irgendwelche Dokumente unterschrieben hatten, in denen sie sich verpflichtetet hatten, einen Erben Satan zur Verfügung zu stellen. Dieser sollte dann in Ritualen und verschiedenen Praktiken auf die satanische Kreuzigung und Auferstehung vorbereitet werden.

In der satanischen Welt werden biblische Wahrheiten verdreht, pervertiert oder nachgeäfft. Sie werden zur Lüge deklariert und das Böse zum Guten erklärt.

Fakt ist, dass Satan sich nicht kreuzigen lassen kann, er hat nur Ersatzblut zur Verfügung, um seine Ziele durchzusetzen. Die satanische Kreuzigung und Auferstehung war ein oberstes Ziel dieser Sekte, bei dem es darum ging, das Opfer vorzubereiten, um es in einem Kreuzigungsritual zu töten, beziehungsweise satanisch zu entleeren, um es dann mit dämonischen Kräften zu füllen und zu steuern, wie einen Zombie. Das heißt, ein toter, leerer Leib wird fremdgesteuert wie eine Marionette.[2]

Milli war somit nicht eine von vielen, sondern die Eine, die dieses Versprechen erfüllen sollte. Schon bei der Geburt wurde sie satanisch beeinflusst nicht zu atmen, sie wurde sozusagen reanimiert und bei der Gelegenheit wurden ihr gleichzeitig Zombie-Dokumente eingegeben. Milli weiß von ihrer schweren Geburt und dass sie ganz lange nicht geatmet hatte. Sie weiß auch von vielen Malen, als sie hätte tot sein müssen oder als sie sich wie tot fühlte.

Millis Vater beging kurz nach ihrem 14. Geburtstag Selbstmord, einige Zeit nach der Geburt ihres ersten Kindes, von dem sie nichts mehr weiß. Sie ist überzeugt, dass ihr Vater sie schützen wollte. Er ist für sie gestorben, damit sie am Leben bleiben konnte. **Es ist anzunehmen, dass er wusste, dass Milli bald etwas bevorstand, etwas, was er nur durch seinen Tod abwenden konnte …**

Sie weiß auch, dass ein Onkel, ein Bruder vom Vater, ganz plötzlich sämtliche Kontakte zu allen seinen Verwandten abgebrochen hatte und sogar

---

[2] Als **Zombie** wird die fiktive Figur eines zum Leben erweckten Toten (Untoter) oder eines seiner Seele beraubten, willenlosen Wesens bezeichnet. Der Begriff leitet sich von dem Wort *nzùmbe* aus der zentralafrikanischen Sprache Kimbundu ab und bezeichnet dort ursprünglich einen Totengeist. (aus wikipedia)

Geschenke zurückschickte. Sie hat nie wieder etwas von ihm gehört.

Das war also das übergeordnete Ziel, der Plan, den diese Sekte für Milli hatte. Millis Vorbereitung und Entleerung sollte über einen Wurm geschehen. Man stelle sich eine *„geistliche Wanze"* vor, die Milli gleich bei der Geburt eingepflanzt wurde. Über diesen Wurm sollte sie geistlich entleert und satanisch gespeist werden. Dazu wurden drei Schlüsselverse aus der Bibel pervertiert, auf Satan bezogen und Milli einprogrammiert. Dies geschieht oft durch Hypnose oder andere Praktiken und Rituale.

Während des Gebets zeigte Jesus die Verse:

Jesaja 41,14 ; Galater 3,10–18 und Psalm 22,5–19, die von Gott her angelegt und für Milli gedacht waren. Durch die unterschriebenen Papiere von Millis Uropa hatten Satan und seine Anhänger jedoch Anrechte, dies alles zu rauben und zu verkehren und für ihre Zwecke zu missbrauchen. Milli wurde durch die Verkehrung dieser Verse in das satanische Netzwerk eingesetzt. *Diese Bibelstellen wurden dann im Gebet gereinigt durch das Blut des Lammes, Jesus Christus. Sie wurden neu gelesen und in der Vollmacht Jesu wieder in den Dienst des Herrn gestellt.*

Es ist mir ein Anliegen, die Dinge und Zusammenhänge, die Jesus uns im Gebet zeigte, hier mitzuteilen, auch wenn sie nicht nur direkt Milli betreffen. Es sind geistliche Realitäten und Praktiken, von denen man nichts weiß, die geheim bleiben, die aber mehr denn je stattfinden; und wenn die Menschen und besonders wir Christen wegsehen und davon nichts wissen wollen, nur um „dem Feind, Satan, keine Ehre oder nicht zuviel Aufmerksamkeit geben zu wollen", dann tritt nämlich genau das Gegenteil ein, *dadurch geben wir ihm Macht und freie Hand.* Wir stehen nach wie vor in einem geistlichen Kampf, es herrscht Krieg in der geistlichen Welt, die Bibel berichtet ganz klar davon.

Bei dieser Gebetsberatung wurden bei Milli *Schweigegebote und -verbote* von den Vorfahren, die satanisch rituell eingegeben worden waren, entmachtet. Ebenfalls *Geschmacks-, Hör-, Berührungs-, Blindheits- und Taubheitsgebote und -verbote.*

Diese Siegel der Umprogrammierung der Sinnesorgane zusammen mit satanischen Gen-Informationen haben das Ziel, bei dem Opfer zu Beziehungsstörungen zu führen. Bei Milli wurden sie im Gebet mit Jesu Blut gelöscht.

Außer den Beziehungen werden gerne noch drei Bereiche bei Opfern beeinflusst und manipuliert, nämlich Essen, Sexualität und Geld.

Millis geistliche Entleerung über den Wurm sollte von der Kundalini-Schlange unterstützt werden, die in der Wirbelsäule sitzt. Das heißt, der Plan war, dass Milli in der Bibel lesen sollte, dabei aber über diese geistlichen Wanzen des Wortes Gottes beraubt werden sollte, damit es gleichzeitig wieder verkehrt und verfälscht hineinkommen sollte. Am liebsten wäre es den Tätern gewesen, wenn Milli die ganze Bibel nicht nur einmal gelesen hätte, dann wäre sie mit dem ganzen Wort Gottes pervertiert neu gespeist worden.

Aber wir haben einen wunderbaren Gott, der Milli nicht aufgegeben hat. Jesus selbst kam in diesen Wurm und übernahm in Milli die Herrschaft; er hatte sonst keine andere Möglichkeit wegen der Vorfahrenrechte.

Wir erinnern uns, dass Milli schon als Kind wusste, dass sie „da innen drin ein Krümelchen hatte", das sie hütete und von dem keiner wissen durfte, weil sie Angst hatte, es könnte ihr genommen werden. Und so war es auch Jesus, der in ihr betete, als sie vier oder fünf Jahre alt war: *Herr, vergib ihnen, denn sie wissen nicht, was sie tun.*

Dass Milli keinen Bezug zum Bibellesen hatte, war in ihrem Fall gut. Jesus im Wurm, das Krümelchen in ihr, hatte sie gebremst, um sie zu schützen. Bei Problemen im Alltag war sie manchmal überzeugt, oder sie hatte die Erfahrung gemacht: „Wenn ich nicht bete, dann klappt es immer…"

Es scheint alles paradox, gegen unseren Verstand und Theologie!

Für dieses geistliche Durcheinander bei Milli hatten wir nun eine plausible Erklärung, die sich aber wiederum so unglaublich und galaktisch anhörte, dass wir Mühe hatten, das alles auf die Reihe zu bekommen.

Die *Kundalini-Schlange* im Rücken und die *Uroborus-Schlange* im Bauch (diese hat das Ziel, durch starke Menstruationsblutungen den Leib zu schwächen), die Jesus uns zeigte, wurden im Gebet entmachtet und deren Siegel gebrochen. Ebenso das „niederkniend Anbeten", das geraubt und auf Satan bezogen wurde, konnte entmachtet werden.

Weil Ostern und Pfingsten real sind, gilt auch für Milli, dass sie mit Christus gekreuzigt und auferstanden ist, und allein Jesus die Anbetung gebührt.

Entmachtet wurden auch noch *das Andreaskreuzsiegel und das Herodesdokument aus den Generationen*. Es wurde in den satanischen Dokumenten festgelegt, dass es für Milli auch einen männlichen Stellvertreter geben muss, zur selben Zeit geboren, es sollte also ein Paar sein. Damals nahmen wir an, dass Herr P. eventuell von diesem Jungen wusste.

Heute weiß Milli von ihrem geopferten Zwillingsbruder, damals jedoch saßen wir da und konnten mit diesen Offenbarungen nicht viel anfangen.

Das Herodesdokument besagt, dass Millis Vaterlinie Kindermorde hat ausführen müssen. Die

Bezeichnung ist abgeleitet vom biblischen König Herodes, der in der Zeit um Jesu Geburt für die vielen Kindermorde verantwortlich war. In Deutschland soll die Herodesautorität größer sein als im Ausland. Dazu habe Hitler sein Übriges getan, weil er den perfekten Menschen schaffen wollte.

Wir gehen davon aus, dass sich bei Milli die Vaterlinie mit der ebenfalls belasteten Mutterlinie rituell gekreuzt hat und daher alles sehr verworren ist.

Schon länger vor diesem Treffen war Milli nicht mehr fähig, Lobpreis zu machen, Akkordeon zu spielen; sie hatte dabei große Mühe und alle Lieder waren irgendwie weg. Diese Gabe war ihr ebenfalls auf die beschriebene Art und Weise geraubt worden. Auch dafür wurde gebetet. Mit der Reinigung der o. g. Schlüsselverse in der Vollmacht Jesu wurden auch ihre natürlichen und geistlichen Gaben gereinigt durch das Blut Jesu und wieder in den Dienst des Herrn gestellt und dafür gedankt. Wie wichtig das war, sollte sich dann sieben Monate später in Berlin erweisen, als sie diese Gabe dringend brauchte und durch sie ein Stück weit überlebte.

Die ganze Reise und das Treffen mit dem Sesoteam war, wie man sich denken kann, sehr umkämpft. Auf der Rückfahrt waren wir beide sehr bedrückt, traurig und schwiegen uns an, bis zu einem Punkt auf der Autobahn, wo plötzlich alles von uns abfiel und neues Leben in uns kam. Wir „tauten gleichzeitig auf" und begannen wieder zu reden und das Erlebte zu reflektieren.

Anhand dieser Erfahrung bin ich davon überzeugt, dass es territoriale Kräfte und Mächte gibt. In unserem Fall hielten sie uns bis zu einer unsichtbaren Grenze, wo wir auf „fremdem Gebiet" waren, in bedrückter Stimmung. Wir können uns sonst beide nicht erklären, was damals auf der Heimfahrt mit uns passierte.

Es gibt in der geistlichen Welt Gesetze und Prinzipien, die nun mal da sind, ob wir wollen oder nicht, und die in unserem Leben wirksam werden. Die Prinzipien der Vergebung und die von Saat und Ernte sind uns am besten bekannt.

Charles Kraft hat in seinem Buch „Ich gebe euch Vollmacht" ein ganzes Kapitel den Gesetzmäßigkeiten in der unsichtbaren Welt zugeordnet. Und diese gelten nicht nur für die göttliche Welt und ihre Engel, sie sind auch für die satanische Welt wirksam.

So zum Beispiel sind menschliche Treue und Gehorsam ein wichtiger Faktor. Sie geben entweder Gott oder Satan Autorität, in der sichtbaren Welt zu wirken.

Die Notwendigkeit menschlicher Kooperation, die Macht der Rituale, die Autoritätsstruktur der Engel oder Wechselbeziehungen zwischen der sichtbaren und unsichtbaren Welt sind weitere wichtige Themen.

Man kann im Internet viel lesen über verschiedene Gruppen, Kulte, geheime Orden, Logen, Sekten, über ihre Entstehung und ihre Ziele oder Ideologien.

Sie alle haben eines gemeinsam, nämlich sich von Gott und seiner Lehre abzuwenden. Die einen stellen dann den Menschen in den Mittelpunkt mit seinen uneingeschränkt auszulebenden Freiheiten, besonders was die sexuellen Praktiken anbelangt. Die anderen verherrlichen Satan und dienen ihm auf verschiedenste Art und Weise. Immer geht es dabei jedoch auch um Macht, Rangordnungen, pervertierte Sexualität und das Verachten aller Gebote Gottes.

Bei einigen Jugendlichen, die sich Satanisten nennen, ist es oft so, dass sie es einfach nur cool oder schick finden, sich schwarz zu kleiden oder zu schminken, an Grusel- oder Ekeltrainings teilzunehmen oder andere mit ihrem Auftreten zu schockieren oder zu provozieren. Die Gruppe gibt ihnen Halt, Sicherheit und Wertschätzung, die sie zuhause in ihren Familien nicht finden.

Diese sollte man unterscheiden und nicht vergleichen mit den Gruppen aus den Satanischen Netzwerken, die weltweit hoch und gut organisiert sind, die mit Hexenzirkeln zusammenarbeiten, diesen sozusagen untergeordnet sind, wobei die

Hexen wiederum den Spiritisten untergeordnet sind und mit ihnen eng zusammenarbeiten.

Ein wichtiges Ziel der Satanisten und Hexen ist, geheim zu bleiben, ein Grund, warum man nicht viel von ihnen weiß und eher dazu neigt, sie nicht ernst zu nehmen. Sie sind jedoch gut organisiert, die Frauen müssen Kinder gebären, die in den Netzwerken verschwinden. Opfer werden zu Tätern gemacht. Erwachsene, die nicht mehr mitmachen, werden meistens erschossen oder vergiftet.

In dem Buch „In den Fesseln des satanischen Missbrauchs" berichtet die Co-Autorin Yvonne Zeitz, dass sie von den Satanisten regelrecht ausgestoßen wurde, als diese merkten, dass Jesus in ihr mehr und mehr die Herrschaft übernahm und sie das auch bezeugen konnte. Sie wurde dadurch für die Satanisten unbrauchbar, ja, sogar ein Störfaktor, den sie nur noch loswerden wollten, nachdem sie vorher versucht hatten, sie zu töten, dabei aber merkten, dass Jesus sie daran hinderte. Dieses Buch half mir, einen kleinen Einblick und ein besseres Verstehen „dieser Dinge" zu bekommen.

Ich möchte noch ein Buch erwähnen, das Milli und ich gelesen haben und das für Milli Antworten auf mehrere Fragen brachte. „Isis, die Fürstin der Nacht", von Karin Jäckel erzählt die einzigartige Geschichte und Erlebnisse einer Frau, die als Kind in eine Sekte hineingeboren wurde, mit dem Ziel, durch schreckliche Rituale zur Hohen Priesterin vorbereitet zu werden, um das höchste Amt dieser Sekte einzunehmen.

„Dieses Buch könnte ich geschrieben haben", ist Millis Kommentar dazu und bezieht sich natürlich auf die Beschreibungen der körperlichen und seelischen Aspekte, die Isis betreffen, auf die Folgen des Missbrauchs und auf die Ähnlichkeit einiger beschriebener Foltergeräte und Rituale und auf einige Zusammenhänge.

Milli hat in dem Buch viele Stellen angestrichen, wo sie sich wiederfindet. Es gibt Parallelen und Ähnlichkeiten mit ihrer Geschichte. Aber in einem Punkt ist Milli deutlich im „Nachteil", wenn ich das überhaupt so ausdrücken darf.

Während Isis von Anfang an um ihre Bestimmung wusste, von dem ganzen verkehrten Glauben der Sekte, von vielen Ritualen und Zusammenhängen, tappt Milli diesbezüglich noch im Dunkeln.

Es gibt leider immer noch keine konkreten Hinweise oder Anhaltspunkte, die ihre Geschichte bestätigen und für „wahr" erklären, keine Menschen, die dazu etwas sagen können oder wollen. Millis Mutter, die noch lebt und sicher etwas wissen müsste, schweigt und hatte ihr mit einer Verleumdungsklage gedroht, als Milli vor Jahren das Thema Missbrauch angeschnitten hatte.

So zum Beispiel weiß Isis, dass ihre Oma bewusst den Tod wählte, um sie vor weiteren furchtbaren Prüfungen zu retten; ihr Vater erzählte es ihr.

Milli hingegen hat zwar auch eine innere Gewissheit, dass ihr Vater sie durch seinen Freitod rettete, aber es gibt niemanden, der das bezeugen kann oder will.

Während Isis bei Tage schon für die Nachtrituale vorbereitet wurde und sie dazu auch Erklärungen bekam, wusste Milli nichts von den Dingen, die mit ihr passierten, und wenn sie etwas dazu sagte, wurde sie als Lügnerin hingestellt.

Eine ganz wichtige Erklärung für Millis kaputte Nasenscheidewand fanden wir auch in diesem Buch. Dort beschreibt Isis nämlich, wie ihr Vater, der Hohe Priester, aus Kräutern und Pflanzen Mittel und Pülverchen mit verschiedenartiger Wirkung herstellte. Er war in seinem normalen Leben Gärtner. Eine ganz bestimmte Sorte wurde dann in Strohhalme gefüllt, und weil alles sehr aufwändig war, bekamen nur ausgewählte Leute dann dieses Mittel vom Hohen Priester selber in die Nase geblasen. Ich weiß nicht mehr genau, aber ich denke, es sollte eine anregende, stimulierende oder eine betäubende Wirkung haben. Im Zusammenhang mit diesen vielen Mitteln wird auch der Stechapfel erwähnt.

Auch ein Folter-Stromgerät, das Isis genau beschreibt, kommt Milli sehr bekannt vor.

Anmerkungen aus meiner Sicht

Als Milli in der Neujahrsnacht zu 2012 bei mir im Hof stand und wir uns das Feuerwerk in der Straße anguckten, sagte Gott zu ihr: **Das wird dein Jahr!**

Das erzählte sie mir erst im Herbst. Rückblickend kann man wirklich sagen, dass es ein sehr ereignisreiches und befreiendes, heilendes Jahr für sie war.

Irgendwie hat sich Milli mittlerweile damit abgefunden, nicht mehr nach Beweisen für ihre Geschichte oder nach ihrem verschwundenen Kind zu fragen oder zu suchen. Auf den Rat ihres Therapeuten hin will sie sich darauf konzentrieren, zu lernen, sich und allem was in ihr ist, Glauben zu schenken und ernst zu nehmen.

Hier muss ich erwähnen, und ich habe Achtung davor, dass vier treue Seelen, zwei davon in ihrem Heimatort und zwei im Schwarzwald per Telefon jeden Donnerstagabend um 21 Uhr für Milli gebetet haben und noch beten, und das seit etwa zwei Jahren, und jedes Mal sind sie aufs Neue motiviert und sie tun es gerne.

Ich bin fast sicher, dass es heute in ganz Deutschland nur eine Spielhalle gibt, wo den Gästen echte, übernatürliche Liebe und warme Atmosphäre entgegenkommt, wo für Gäste Adventskalender mit Bibelversen gebastelt werden, wo für sie gebetet wird, wo hin und wieder Lobpreismusik auf dem Akkordeon gespielt wird, wo an Heiligabend jemand sechs Stunden zum Gespräch bleiben kann, einfach nur, um nicht allein zu sein.

Terror in dem Sinne wie früher hat Milli nicht mehr, obwohl immer noch manchmal Merkwürdiges passiert, was verdächtig danach aussieht.

Zum Beispiel hatte sie auf einer Rückfahrt nach Berlin in Thüringen auf der Autobahn einen Unfall, bei dem Milli einem weißen Sprinter heftig aufgefahren war. Trotz Bremsen gab es bei ihr keine Bremsspur, ihr Auto hatte Totalschaden und der Sprinter fuhr einfach weiter, wobei er einige Teile verlor. Ihr Auto muss wohl so ausgesehen haben, dass sich alle wunderten, die anhielten, als Milli ganz und unversehrt ausstieg. Es wurde später festgestellt, dass die Bremsen funktionstüchtig waren. Für die Polizei war klar, dass es „Sekundenschlaf" gewesen ist und Milli kann sich nur noch erklären, dass die Fußmatte sich unter die Bremspedale geschoben haben muss; sie besteht aber darauf und behauptet immer wieder, dass sie wach war. So wie das Auto aussah, muss sie wohl viele Schutzengel gehabt haben. Ich erinnere mich auch, dass wir vor der Fahrt um Schutz gebeten hatten.

Dann gab es noch zwei dubiose Anrufe bezüglich der Kündigung der Wohnung hier. Sie nahm an, dass es der Vermieter war; sie erinnerte sich nicht mehr an seine Stimme. Dieser machte ihr den Vorschlag, die Miete für die drei letzten Monate nicht mehr zu bezahlen, er würde sie mit der hinterlegten Kaution abrechnen. So tat sie dann auch, um hinterher festzustellen, dass sie für drei Monate beim Vermieter Mietschulden hatte, der von keinem Gespräch im Vorfeld etwas wusste und sogar behauptete, dass so etwas unzulässig sei. Es wurde also erreicht, dass Milli dadurch über 900 Euro mehr Schulden hat.

Milli und wir, die wir mit ihr im Kontakt sind, sind überzeugt, dass sie in Lebensgefahr ist, sobald sie wegen des Mordes eine Anzeige macht oder anfängt, darüber zu reden. Ihr Therapeut drückte es noch deutlicher aus, nämlich dass sie, im Falle einer Anzeige, als Selbstmord getarnt in der Havel landen würde. Dagegen hat Milli ein Schriftstück verfasst, in dem sie konkrete Fakten, Namen und Adressen angibt. Dieses Schreiben hat sie in Deutschland an diverse Leute durch jemanden verteilen lassen, so dass sie selbst nicht weiß, wer diese Leute sind.

Sollte ihr irgendetwas zustoßen, wird die Polizei dann Anhaltspunkte haben, anhand derer sie ermitteln kann und muss. Das ist das Einzige, was sie als Schutz für sich machen konnte.

Milli will jedoch keine Anzeige erstatten, sie „hat genug selbst um die Ohren". Auch ohne eine Anzeige muss sie auf der Hut sein und „ihr Bauch" warnt sie eh vor Fahrten in heimatliche Gefilde.

So kam es, dass sie zum ersten Mal Weihnachten alleine war, wobei ihre Kinder sie vermissten. Dafür versorgte Milli sie mit Plätzchen und Stollen, die sie in Mengen backte und an alle verschickte. Auch ich bekam einen Stollen und Plätzchen.

Millis Leben sieht jetzt anders aus als vor zwei Jahren. Auch die Veränderungen, die bei ihr passiert sind, kann man deutlich wahrnehmen und spüren. Vielleicht war ich und unsere Verbindung in Millis Leben nur ein kurzer Abschnitt, vielleicht auch nicht.

Noch stehen wir in regem telefonischem Kontakt. Und auch unsere Telefonate sehen jetzt anders aus. Heute fragt sie durchaus, wie es mir geht und hört mir zu. Die Themen unserer Gespräche sind nicht nur ihre Geschichte, sondern hauptsächlich die Gegenwart und ihr Alltag.

Sie hat sich entschieden, ihre finanziellen Probleme selbst in die Hand zu nehmen und hat begonnen, ihre Schulden in kleinen Raten zurückzuzahlen, entgegen der Empfehlung einer Privatinsolvenz.

Milli ist absolut ein wertvoller, liebenswerter Mensch, auch wenn manche Menschen früher immer einen Bogen um sie gemacht haben. Wenn sie kam, brachte Milli gewöhnlich eine unsichtbare Wolke mit sich, sie wirkte anstrengend auf die anderen und nahm oft Raum und Zeit der anderen ein. Ich denke, heute ist es nicht mehr so ausgeprägt.

Ich nehme an, dass Milli eine Zeit lang meine ganz spezielle „Aufgabe" war. In dieser Zeit habe ich mich nur gewundert, warum mir alles andere nicht gelang. Ich konnte noch nicht einmal ein Buch fertig lesen. Ich hatte einen Malkurs abbrechen müssen, weil ich nicht den Nerv dafür hatte, es war, als sollte ich mich hauptsächlich Milli zuwenden. Das erkannte ich aber erst viel später, da war sie schon vier Monate hier. Und Gott sorgte auch für mein Umfeld, dafür, dass mein Mann und meine Familie diesbezüglich mitgehen konnten.

Ich habe in dieser Zeit viel gelernt und doch denke ich, ist nicht mit jedem schwer traumatisierten Menschen der Umgang gleich. Einen ganz wichtigen Punkt möchte ich erwähnen, weil ich denke, dass der bei den meisten doch gleich sein könnte.

Wenn es zum Beispiel um konkrete Schritte oder Maßnahmen der Veränderung ging, die zu tun erforderlich waren, aber Milli dabei nicht „in die Pötte" kam, hatte ich manchmal den Gedanken: „Sie will nicht!" Wenn wir so denken, können wir leicht jemandem Unrecht tun. Bei Milli waren es zwei Situationen, in denen ich anfangs so dachte. Die eine war die schon beschriebene Situation mit dem Auto, als dieses kaputt ging und Milli nun den Bus nehmen musste. Die andere war, als sie auf Jobsuche war und es darum ging, mir mit plausiblen Argumenten klarzumachen, warum eine Putzstelle nicht geeignet war. In beiden Fällen hatte ich damals den Eindruck, sie wolle nicht – wie bei einem bockigen Kind.

Vermeidung geht mit negativen Gefühlen einher, und da unsere Gefühle der Motor unseres Handelns sind, konnte damals ganz klar keine Veränderung geschehen, die mit negativen Gefühlen besetzt war.

Ich habe auf Beziehungsebene gelernt, mich und andere viel mehr zu hinterfragen, gelassener zu sein und die Realität der anderen, auch wenn sie noch so ver-rückt ist, zu akzeptieren, grad bei Milli, deren Leben aus vielen „Ausnahmen" besteht.

Die Namen Milli und Mirko sind nicht echt, es sind die Nachtnamen. Bei Tage wurde Milli mit einem anderen Namen gerufen, der auch in der Geburtsurkunde steht. Mirkos richtiger Name ist ihr nicht bekannt.

Noch bevor ich mit diesem Buch begonnen hatte, sah Milli es in einem Traum schon fertig vor sich. Wir haben uns bemüht, Schrift und Cover so zu gestalten, dass es dem Buch im Traum nahe kommt.

Die Kerngeschichte „Millis Lebensmärchen" gleich am Anfang und vier Kapitel aus dem ersten Teil (*Krebs?; Die Taufe; Christliches Trauerseminar; Nein, du musste nicht mehr hinter den Zaun!*) hat Milli selbst geschrieben.

Wir wissen nicht, ob dies das Ende des Buches sein soll. Milli ahnt: „Ich bin noch nicht fertig". Sie ist sich auch nicht sicher, ob sie noch den Ring hat oder nicht, die Ketten zumindest sind aber weg.

Ich entscheide mich, an diesem Punkt das Buch zu beenden, (es sind mittlerweile fast zwei Jahre ins Land gegangen) **in der Gewissheit, dass Gott mit Milli ihren ganz speziellen Weg treu weitergeht.**

Milli will aus Rücksicht auf alle Verwandten und die ihr nahe stehenden Personen unerkannt bleiben. Sie geht immer noch davon aus, dass „man sich wegen ihr schämen könnte".

Ich danke meinen Probe- und Korrekturlesern für die wertvollen Tipps und Rückmeldungen, auch allen, die an der Gestaltung des Covers beteiligt waren, besonders meiner Tochter und meinem Bruder. Für die Formatierung und den „letzten Schliff" am Text hat mir der Himmel eine Hilfe und Stütze geschickt. Dafür habe ich auch Grund genug zum Danken.

Und mit Millis Worten sage ich „Dank an unseren Papi da oben", nicht nur für die Regieführung bei der Entstehung dieses Buches, vielmehr für selbige in Millis und in meinem Leben.

Milli hat das letzte Wort

Liebe Leser, es ist mir ein großes Bedürfnis, meinen Dank auszudrücken, meinen Dank an alle, die mir geholfen haben, das erneute Trauma der Erinnerung an diese Erlebnisse zu überleben, für die es mir teilweise nicht möglich ist, einen angemessenen Ausdruck zu finden.

Als Erstes danke ich unserem Herrgott. Er ermöglichte mir die beiden Kuraufenthalte. Er sorgte immer dafür, dass jemand da war, der meine Kinder betreute, wenn ich nicht dazu in der Lage war. Er schickte mir Leute mit Lebensmitteln, Geld, ja, sogar Zigaretten (diese Sucht habe ich immer noch leider). Wir waren immer grundversorgt und hatten immer „ein Dach überm Kopf".

Mein Therapeut in der Klinik im Schwarzwald sagte mir damals zum Abschied: „Wenn ich nicht genau wüsste, dass Gott Ihnen immer im richtigen

Moment jemanden zur Seite stellt, könnte ich ab heute nicht mehr ruhig schlafen!" – Der anwesende Chefarzt nickte dazu, als ich ihn fragend ansah – ich hatte damals noch keine Vorstellung bzw. Erinnerung an Milli und ihre (meine) Nächte. Damals wusste dieser Therapeut sicher nicht, dass wir uns ein paar Jahre später wieder über den Weg laufen würden, und ausgerechnet er und seine Frau diejenigen waren, die mir in den allerschlimmsten Zeiten halfen zu überleben.

Ich sehe deutlich, dass Gott – sehr gut geplant – alles ans Licht brachte. Wenn ich völlig fertig war und wirklich nicht mehr leben wollte oder konnte, griff Er selber ein mit Träumen und schickte mir Gedanken, die mir einen Grund dafür gaben, das nicht zu tun, was ich gerade vorhatte; Er schickte mir jemanden vorbei, rein zufällig, oder es rief zufällig jemand an ...

Das Beste an unserem Gott ist, dass man Ihm alles sagen kann, selbst Dinge, die man nicht mehr mit Menschen besprechen kann. Er ist immer da und lässt niemanden allein! Manchmal merkte ich erst lange nachher, dass Er mich wieder mal getragen hatte. Heute weiß ich genau: *Immer dann, wenn ich denke und fühle, ich bin allein, gerade dann ist ER bei mir!*

„Rein zufällig" traf ich immer wieder Leute, die sich als Therapeuten, Seelsorger oder Freunde entpuppten, die mit sehr starken Nerven und viel

Geduld ausgerüstet waren, um mich und meine Geschichte auszuhalten. Immer wieder gaben mir Bibelverse oder Lobpreislieder Hoffnung und Mut. Der erste Vers, der mich lange durchtrug, steht in Josua: „Sei tapfer und entschlossen, lass dich durch nichts erschrecken und verliere nie den Mut, ich der HERR bin bei dir, wohin du auch gehst."

Liebe Leser, ich gab noch mal im Sommer 1994 Jesus mein Leben, meine Schuld, meine Fehler, mein Herz, einfach alles in Seine Hände. Das war das einzig Richtige, was ich je getan habe.

Ich könnte Bücher über erlebte Wunder, Heilung, schönste Erlebnisse, Bewahrung usw. schreiben, die ich seitdem erlebt habe. *Ich kann es nur jedem empfehlen, diesen Schritt für sich zu tun!*

Jesus liebt **Dich**, ja, gerade **Dich,** so wie **Du** jetzt gerade bist, mit allen guten und schlechten Eigenschaften, mit *allem* was Du in Deinem Gepäck hast! Er liebt Dich und hält Dir stets Seine Hand hin, mit der Bitte, sie zu ergreifen – aber Er stülpt niemandem *seinen* Willen über! Er lässt uns die Freiheit und will ein ganz freiwilliges Ergreifen dieser Hand. ER vergibt *alle* Schuld, ER heilt alle Wunden und Verletzungen und gibt Dir Deine Würde zurück. So hat ER auch alles bei mir gemacht und macht es noch!

Außerdem danke ich Ihm für das Bild von dem Buch mit dem Titel: Millis Lebensmärchen. Als angebliches Märchen konnte und kann ich nun endlich Träume, Bilder ... aufschreiben; das war eine der wichtigsten Hilfen bei der Therapie. **Für alles will ich Ihm hier in aller Deutlichkeit danken!**

Nun zu all den Menschen, denen ich zu danken habe – ich hoffe, ich vergesse keinen. Da wir hier in diesem Buch alle Namen geändert oder verkürzt haben, kann ich auch jetzt nicht genauer werden, ich hoffe einfach, dass sich diese Leute erkennen werden.

Zunächst ist da erstmal Linda und ihre Familie, die mich mit viel Liebe, Geduld, Hilfsbereitschaft und auch Geld aufnahmen und dafür sorgten, dass ich in ihrer Nähe für ein paar Monate ein Zuhause fand. Linda brauchte auch viel Geduld und Nerven beim Schreiben dieses Buches, mit allem was dazugehört.

Mein Dank gilt auch allen meinen Therapeuten, denen, die von der Krankenkasse oder von mir privat bezahlt wurden; den Ärzten, den Therapeuten und dem Personal der beiden Kurkliniken, die ich in 1995 und 2008 besuchte; einer Therapeutin, die damals noch in Ausbildung war und immer Zeit hatte, wenn es brannte; ganz besonders dem Ehepaar aus dem Schwarzwald und den beiden weiterhin treu betenden Seelsorgern aus meinem Heimatort.

Außerdem danke ich Herrn P., der mich als Kind einmal rettete und dafür schlimm bestraft wurde, später dann war er der wichtigste Helfer bei Problemen mit meinen Kindern – nur ihm habe ich zu verdanken, dass sie bei mir blieben. Herr P., bitte melden Sie sich doch mal bei mir, bitte! Dann danke ich Mister M., der gar nicht weiß, wie wichtig er für mich war mit seinen „Freisprüchen" (wie ich sie nenne).

Meine neuen/alten Kollegen, besonders mein Chef und seine Frau sollen nicht zu kurz kommen, sie haben mir hier in Berlin ein neues Leben möglich gemacht. Nie hätte ich gedacht, dass ich mich jemals so weit weg von zu Hause wohlfühlen könnte! Das verdanke ich vor allem unserem Chef und Milo und, und, und ... Ein Hoch auf Eure Nerven, die Ihr immer braucht(et), wenn ich mal gerade wieder ein Flashback oder einen Traum hatte oder habe und Euch nicht selten sicher heftig auf „den Keks gegangen bin oder noch gehe". Ich habe Euch alle sehr lieb!

Auch meinem früheren Ehemann möchte ich danken. Bei ihm, seiner neuen Frau und deren Kindern ist meine jüngste Tochter gut aufgehoben. Ich bitte Dich hier um Verzeihung für alles, was ich falsch gemacht habe, vor allem dafür, dass ich Dir nicht die Wahrheit sagte bei dem Satz: „Ich liebe Dich". – Damals war ich davon überzeugt, aber ich kannte mich einfach überhaupt nicht. Ich bin sehr froh, dass Du nun eine Frau gefunden hast, die zu Dir passt!

Meine Tante und Cousine darf ich hier nicht vergessen, sie sind die Einzigen meiner Herkunftsfamilie, die einen winzigkleinen Einblick – nur ansatzweise – in mein „Märchen" und seine Bewältigung haben und trotzdem noch zu mir stehen und mir auch halfen und helfen, wenn, wann und wo sie konnten und können.

Allen sonstigen Freunden, Bekannten und Geschwistern (den echten und denen im Herrn) danke ich für Hilfe in der unterschiedlichsten Form!

Meinen Eltern bin ich dafür dankbar, dass sie bei Tage immer alles gaben und taten für uns Kinder, was ihnen möglich war.

Zuallerletzt und ganz besonders danke ich meinen Kindern, die es nie leicht hatten, auch nicht mit mir. Trotzdem habe ich zu ihnen allen guten Kontakt, dank Telefon und Handy. Ich habe Euch sehr, sehr lieb und bin sehr stolz auf Euch! Ihr seid sehr verantwortungsbewusste, fleißige, fürsorgliche und liebenswerte Menschen geworden! Danke für Eure Liebe, die Ihr mir heute entgegenbringt!

Sehr oft denke ich an Euch alle, die Ihr hier erwähnt seid, danke Gott für Euch alle und bitte Ihn, dass Er Euch alle beschützt, bewahrt und reich belohnt für alles, was Ihr mir gegeben habt und künftig evtl. noch geben werdet.

Ich weiß genau: Er liebt euch alle sehr!

Milli

25. 2. 2013, 3:51 Uhr

Ein Jahr Pause

Die Entstehung dieses Buches ist außergewöhnlich und passt zu Milli und ihrer Geschichte.

Mit dem letzten Kapitel war vor einem Jahr das Buch fertig. Die Gestaltung des Einbandes war fast fertig und Kontakte zum Verlag hergestellt.

Für Milli bedeutet dieses Buch das ganz große „Outen". Je weiter ich mit den Arbeiten kam, und ich sie darüber informierte, umso mehr „drehte sie durch". Sie war am Telefon aufgelöst, ganz aus dem Häuschen, hatte Ängste und war völlig überfordert mit diesem Gedanken.

Ihr Therapeut rief mich an und nannte mir einige plausible Gründe, warum ich die Arbeiten am Buch einstellen und ein Jahr lang ruhen lassen sollte. Es war ein längeres Telefonat mit dem Resultat, dass ich ihm mein Versprechen gab, ein Jahr lang zu warten. Ich konnte nicht jedem Argument zustimmen, das der Therapeut nannte, aber ich sah ein, dass Milli noch Zeit brauchte und dass es ihrem Wohl diente, wenn wir noch warteten.

Im Nachhinein gesehen hat sich das Warten gelohnt und es war notwendig. Milli ist heute gefestigter als vor einem Jahr. Sie hat mir versichert, dass sie jetzt bereit ist für die Veröffentlichung, allerdings mit dem Geständnis, dass sie sich sehr schämt für ihre Vergangenheit, ihre Geschichte. Scham ist immer noch eine große Blockade und raubt ihr viel Freiheit.

Während dieser Zeit im Casino wurde Millis Beziehungsfähigkeit oder -unfähigkeit auf die Probe gestellt. Sie musste Lügen, Intrigen, negative Aussagen, verbale und geistliche Angriffe aushalten und überwinden. Ihr „Himmlischer Papi" hat ihr dabei immer geholfen und hat sie nicht nur rechtzeitig gewarnt, sondern auch oft die Situation zu ihren Gunsten verändert.

Ihr massives Misstrauen oder die Panikattacken waren ein anderes Problem und ganz sicher nicht beziehungsfördernd. Sie waren auch für Fremde und Außenstehende wahrnehmbar oder sichtbar.

Sie weiß jetzt: Wenn sie im Loch sitzt und sie sich das Leben nehmen will, dann folgen solchen Symptomen, wie so oft, neue Erkenntnisse – „Da kommt wieder was"… Sie weiß mittlerweile auch mit Panikattacken anders umzugehen, wenn sie in irgendeiner Form getriggert wird.

Eines Morgens wachte sie auf und hatte zwei dunkle „Veilchen" um die Augen. Sie wurden immer heller und nach drei Stunden waren sie weg! Das erinnerte sie an die vielen blauen Flecken, die immer mal auftauchten und irgendwann verschwanden, Flecken, die sie in der Kindheit nicht hatte.

Einmal taten ihr die Zehen weh. Parallel zu diesem Schmerz hatte sie ein Bild vor Augen. Da hatten diese Männer mit einer Zange gerade ihre Zehen „bearbeitet".

Das Problem mit den Schulden konnte insoweit gelöst werden, dass jemand privat und Milli wohlgesinnt 5000 Euro geliehen hat. Damit konnte sie bei allen Gläubigern die Schulden tilgen. Jetzt hat sie nur noch an einer Stelle die Schulden in Raten abzutragen, womit auch in diese Sache etwas Entspannung gekommen ist.

Millis Geschichte hat sehr wohl noch Auswirkungen in ihrem Alltag. Es ist jedoch wunderbar, ihre Veränderung im Heilungsprozess zu erkennen. Sie sagt selber von diesen dunklen Momenten, wenn Selbstmordgedanken kommen: „… dann muss man nur durchhalten, dann wird's wieder … so wie „Heile, heile Gänschen" …

Ist das nicht typisch Milli?!

Nachwort

Ich bin von den schriftstellerischen Fähigkeiten der Autorin tief beeindruckt. Sie hat Milli intensiv und lange zugehört, die richtigen Fragen gestellt, alles in einen guten Zusammenhang gebracht und dafür gesorgt, dass man als Leser nachvollziehen kann, welches Schicksal Milli getroffen hat.

Ich habe Milli immer wieder therapeutisch unterstützt, ihr mit einfachen Plausibilitäten geholfen, sich nicht als psychotisch einzuschätzen und sie ermutigt, der Wahrheit ihrer Kindheit und Jugend ins Auge zu schauen.

Ich habe ihr in einer Situation dringend geraten, sich zu ihrem Schutz in stationäre psychiatrische Obhut zu begeben, musste dann aber eingestehen, dass ich das Vertrauen in den überlegenen Heilungsplan Gottes verloren hatte. Gott hat dann dafür gesorgt, dass es zu keinem Klinikaufenthalt gekommen ist. Ohnehin wäre die Gefahr groß gewesen, dass es zur Diagnose einer Persönlichkeitsstörung gekommen wäre, die Millis Glaubwürdigkeit mehr als in Frage gestellt hätte.

Mir ist aufgefallen, dass Gott die Wahrheitsliebe und Wahrheitssuche von uns Psychotherapeuten liebt und deshalb immer wieder segnet. Sie hat mit dem zu tun, der über sich sagt: Ich bin die Wahrheit. Mit Jesus.

Aber wenn es dann um den Weg geht, den eine derart unglaublich traumatisierte Person gehen soll, um ins Leben, in die Freiheit zu kommen, enden unsere therapeutischen Möglichkeiten recht bald. Nicht selten legen wir ihnen dann noch die Verantwortung als schwere Bürde auf ihre Schultern, ihre neuen Einsichten nun auch tatkräftig mit Leben zu füllen…

Ganz anders ist es bei Jesus: Er ist nicht nur Wahrheit, sondern auch Weg und Leben. Wenn wir ihm die Verantwortung für den therapeutischen Prozess übergeben, dann kommt das zustande, was Milli bis heute erlebt: Heilung in einzelnen Schritten. Auch in Rückschritten, Re-Traumatisierungen, die sich später jedoch als wichtige Bausteine für einen fortschreitenden Genesungsprozess entpuppen. Wenn Jesus unsere Seele heilt, erspart er uns nicht den Schmerz der vollen Wahrheit über uns. Unsere eigenen Lebenskonstruktionen, Überlebensmechanismen, unsere Vorurteile, Schuldzuweisungen, Verurteilungen werden dabei als Lügen offenbar. Dieses eigenartige Gericht über unser bisheriges Leben vollzieht sich jedoch mit Liebe, tiefem Verständnis und Barmherzigkeit. Jesus geht hochindividuelle Wege, Wahrheit und Gnade miteinander zu verbinden (ich denke an Millis innere Begegnung mit ihrem Vater am See zusammen mit Jesus): „Gnade und Wahrheit sind durch Jesus Christus geworden". „Aus seiner Fülle haben wir alle empfangen Gnade um Gnade". - Joh.1,16 + 17.

In Millis Geschichte berühren wir eine zentrale Eigenschaft Gottes: Er hat für alles Zerstörte einen Plan, wie er es wieder aufrichtet, zurechtbringt, heilt, angefangen bei der Schöpfung, als die Erde ein „Tohuwabohu" war, bis heute wie bei Milli, bei Ihnen und bei mir.

Gottfried Kirschner

Evangelischer Theologe und Psychologischer Psychotherapeut (Systemische Therapie).

Milli's Lied für Mirko (Noten)

1. Ja, Du warst immer da - - - . Du gabst mir Lebensmut - - ! Ja, immer genau
2. Wir sahen uns nur nachts. Wir hielten fest zu-sam- -! Das wir beid'Dinge

1. dann, wenn ich am Boden lag, dann kamst Du zu mir - - -!
2. war'n - hätten sie nicht gesagt - wir liebten uns so sehr!

1. Streicheltest mein Ge-sicht, dann nahmst Du meine Hand, nur Du, Du
2. Wir waren immer eins - und wußten nicht wa-rum - - der Schmerz des

1. bliebst bei mir bis es mir besser, ging ich wieder leicht be-kam. :||
2. Anderen kam bei dem Einen an als wär's der eigene - - -! :||

Quellennachweis

Isis, die Fürstin der Nacht, von Karin Jäckel
  Bastei Lübbe Taschenbücher
  3. Auflage Sept. 2007

In den Fesseln des Satanischen Missbrauchs,
  von P. Bruderer, Charlotte Bruderer und Yvonne Zeitz, im Eigenverlag by Sesoteam

Ich gebe euch Vollmacht, von Charles Kraft
  3. Auflage 2005, Asaph Verlag

www.tredition.de

Über tredition

Der tredition Verlag wurde 2006 in Hamburg gegründet. Seitdem hat tredition Hunderte von Büchern veröffentlicht. Autoren können in wenigen leichten Schritten print-Books, e-Books und audio-Books publizieren. Der Verlag hat das Ziel, die beste und fairste Veröffentlichungsmöglichkeit für Autoren zu bieten.

tredition wurde mit der Erkenntnis gegründet, dass nur etwa jedes 200. bei Verlagen eingereichte Manuskript veröffentlicht wird. Dabei hat jedes Buch seinen Markt, also seine Leser. tredition sorgt dafür, dass für jedes Buch die Leserschaft auch erreicht wird

Autoren können das einzigartige Literatur-Netzwerk von tredition nutzen. Hier bieten zahlreiche Literatur-Partner (das sind Lektoren, Übersetzer, Hörbuchsprecher und Illustratoren) ihre Dienstleistung an, um Manuskripte zu verbessern oder die Vielfalt zu erhöhen. Autoren vereinbaren unabhängig von tredition mit Literatur-Partnern die Konditionen ihrer Zusammenarbeit und können gemeinsam am Erfolg des Buches partizipieren.

Das gesamte Verlagsprogramm von tredition ist bei allen stationären Buchhandlungen und Online-Buchhändlern wie z. B. Amazon erhältlich. e-Books stehen bei den führenden Online-Portalen (z. B. iBookstore von Apple) zum Verkauf.

Seit 2009 bietet tredition sein Verlagskonzept auch als sogenanntes "White-Label" an. Das bedeutet, dass andere Personen oder Institutionen risikofrei und unkompliziert selbst zum Herausgeber von Büchern und Buchreihen unter eigener Marke werden können.

Mittlerweile zählen zahlreiche renommierte Unternehmen, Zeitschriften-, Zeitungs- und Buchverlage, Universitäten, Forschungseinrichtungen, Unternehmensberatungen zu den Kunden von tredition. Unter www.tredition-corporate.de bietet tredition vielfältige weitere Verlagsleistungen speziell für Geschäftskunden an.

tredition wurde mit mehreren Innovationspreisen ausgezeichnet, u. a. Webfuture Award und Innovationspreis der Buch-Digitale.

tredition ist Mitglied im Börsenverein des Deutschen Buchhandels.